SNS マーケティング

デジタル時代の基礎知識

「つながり」と「共感」で利益を生み出す新しいルール

MarkeZine BOOKS

株式会社コムニコ 代表取締役社長
一般社団法人SNSエキスパート協会 理事
林 雅之
Hayashi Masayuki

SHOEISHA

はじめに

皆さんは、どのような理由で本書を手にとりましたか？

「年齢が若いから」「インターネットに詳しいから」という理由だけでSNS担当者に任命されて頭を抱えている人も多いのではないかと思います。

私は、SNSマーケティングの専業エージェンシーの経営や2016年に設立した一般社団法人SNSエキスパート協会を通じて、大手から中小企業まで様々な企業からSNS（ソーシャルネットワーキングサービス）に関する相談を受けています。その中で、多くのSNS担当者やマーケティング担当者からよく寄せられるのが、次のような悩みです。

- どんな投稿をしたらよいのかわからない
- 各SNSの使い分けを知りたい
- 投稿の分析方法がわからない
- 商品・サービスのファンを増やしたい
- 「いいね！」やコメントを増やしたい
- 炎上しないかと不安

本書は、これらの悩みに応える内容となっています。

◉ 2030年にマーケティング予算の半分が ソーシャルメディアに使われる!?

そもそも、企業がSNSを使う必要が本当にあるのか？ という疑問を持つ方々もいるかもしれませんね。

実は、近代マーケティングの父とも呼ばれるフィリップ・コトラー教授は2030年までに、マーケティング予算の50％がソーシャルメディ

アに回されると予測しています。日本の広告予算は年間およそ6兆円なので、単純にあてはめれば年間3兆円もの予算がソーシャルメディアに使われる時代がくるということになります。

INTRODUCTIONで詳しいデータとともに説明しますが、実際SNSは生活のインフラになっているといっても過言ではありません。

人が集まり、高精度にターゲティングできるSNSを活用しない手はありません。

◉ いちからSNSマーケティングがわかる!

このようにSNSは非常に有益なプラットフォームですが、その活用にはテレビや雑誌など、これまでのメディアとは全く異なるアプローチが求められます。企業にとってSNSは、Facebook社の言葉を借りると、「Always On（常にONの状態でいること）」なのです。

本書では、マーケティング初心者の方でも理解できるように、SNS担当者に求められることをできるだけわかりやすい言葉で具体的に説明しています。

よく企業で使われるFacebook、Twitter、Instagram、LINEの4種類を取り扱い、「SNSの使い方の基本」から「効果的なSNSマーケティング施策」についてまで、いちから説明しているので、SNSの選択の仕方、効果的な投稿内容、写真や動画の使いどころなどがわかるようになります。

皆さんにイメージをつかんでいただけるように、多くの企業の事例を交えながら説明していきます。

新たにSNS担当者に任命された方や今のやり方を見直したいマーケティング担当者の方にとって、本書がお役に立てれば幸いです。

2018年1月　　株式会社コムニコ 代表取締役社長
　　　　　　　一般社団法人SNSエキスパート協会理事　林 雅之

CONTENTS 目次

はじめに ·· 002

> INTRODUCTION
デジタル時代のSNSマーケティング ······009

01 SNSの利用者・利用時間はますます増えている！ ································· 010

02 SNSの情報拡散力 ·· 012

03 急成長するSNSのマーケティング力 ··· 014

04 生活者の6つのステージを知る ··· 016

05 ググるよりタグる!? SNSで検索する時代に ·· 018

06 企業の発信情報は、友人のランチ情報にかなわない ····························· 020

07 SNSでフォロワーを増やすことの意味 ··· 026

COLUMN タイムラインとストーリーズはこう使い分けられている！ ························· 028

> CHAPTER 1
基本知識と目標設定 ·································· 029

01 [フォーカスを決める]SNSを始める前に決めるべき4大要素 ···················· 030

02 [KGI・KPI]効果を知るために、まずは目標を設定しよう ·························· 032

03 [KPI]競合他社と比較してKPIを決めよう ·· 036

04 [各SNSユーザーの特徴]そのSNSに、ターゲットはいますか？ ··················· 038

004

05 [SNSの特徴①] ビジネスパーソンが集まるFacebook活用法 ………………… 040

06 [SNSの特徴②] 10代・20代が集まるTwitter活用法 ……………………………… 042

07 [SNSの特徴③] 写真・動画の世界観を追求するInstagram活用法 ………… 044

08 [SNSの特徴④] ユーザー数No.1のLINE活用法 ………………………………… 046

09 [ペルソナ] 情報を届けたいのは、どこの誰？ …………………………………… 048

10 [運用ポリシー・運用マニュアル] いざという時に役立つ共有資料のつくり方 … 052

COLUMN SNSで売上アップ!? ……………………………………………………………… 056

COLUMN SNSの登場と主な出来事 …………………………………………………… 058

> CHAPTER 2

つながりを生むコンテンツのつくり方 …059

01 [エンゲージメント率を上げる投稿] 言いたいことを書くな!? SNSはデートの会話と同じ … 060

02 [コンテンツ内容①] ファンを満足させる投稿は複数のペルソナでつくる …… 062

03 [コンテンツ内容②] 時にはチャレンジ投稿でバズらせる ……………………… 064

04 [アルゴリズム] その投稿、本当にファンの目に届いていますか？ ………………… 066

05 [成功コンテンツの特徴] 最高のコンテンツに共通する5大要素 ………………… 072

06 [失敗コンテンツの特徴] 知っていれば避けられる! 失敗コンテンツのパターン … 078

07 [ハッシュタグ] 検索ユーザーを逃すな! ハッシュタグの選び方 ………………… 080

08 [フォロワーを増やす] より多くの人にコンテンツを見てもらう3つの方法 …… 084

09 [キャンペーン企画] 低予算でも爆発的な宣伝ができる ……………………… 086

10 [動画] テキストよりも動画のほうが見られる時代 ………………………………… 088

COLUMN "インスタ映え" 写真がない企業の工夫 ……………………………………… 092

COLUMN Instagramでハッシュタグフォローができるようになった ………………… 094

> CHAPTER 3

コンテンツの分析方法 ⋯⋯⋯⋯⋯⋯⋯⋯⋯ 095

01 [投稿の効果測定] 反応分析で投稿の精度アップを図る ⋯⋯⋯⋯⋯⋯⋯ 096

02 [SNSの分析機能を使おう①] Facebookページを分析する ⋯⋯⋯⋯⋯⋯ 098

03 [SNSの分析機能を使おう②] Twitterページを分析する ⋯⋯⋯⋯⋯⋯⋯ 102

04 [SNSの分析機能を使おう③] Instagramページを分析する ⋯⋯⋯⋯⋯⋯ 104

05 [エンゲージメント率の計算方法] コンテンツの人気度を測定しよう ⋯⋯⋯⋯ 106

06 [他社のエンゲージメント率の計算方法] 競合のエンゲージメント率から課題を知る ⋯ 110

07 [エンゲージメントを上げる鉄則①] 画像サイズを見直す ⋯⋯⋯⋯⋯⋯⋯ 112

08 [エンゲージメントを上げる鉄則②] リンクが正しく表示されるかOGPを確認する ⋯ 116

09 [エンゲージメントを上げる鉄則③] フォロワーのつぶやきにはすばやく反応する ⋯ 118

10 [消費者アンケート] 年に一度のアンケートで、消費者の要求を探り出す ⋯⋯⋯ 120

COLUMN フォロワーが増えるとエンゲージメント率が下がる!? ⋯⋯⋯⋯⋯⋯⋯ 122

COLUMN 競合他社と比較する場合の表サンプル ⋯⋯⋯⋯⋯⋯⋯⋯⋯⋯ 124

> CHAPTER 4

消費者とつながる運用方法 ⋯⋯⋯⋯⋯ 125

01 [自社に関連する投稿への対応] お客さまを探し出し、アクティブにサポートしよう ⋯ 126

02 [キャンペーン①] キャンペーンを活用して、ファンやフォロワーに喜んでもらおう ⋯ 128

03 [キャンペーン②] みんなが欲しいものよりも、ファンが喜ぶプレゼントを考えよう ⋯ 130

04 [キャンペーン③] キャンペーン実施後に気をつけておきたいこと ⋯⋯⋯⋯⋯ 132

05 [ガイドライン] SNSが定めるガイドラインに注意しよう ⋯⋯⋯⋯⋯⋯⋯ 134

06 [アンバサダー①] 既存のファンにブランドのPR大使になってもらおう ⋯⋯⋯ 136

07 [アンバサダー ②] アンバサダーを育てよう ……………………………………… 138

08 [LINE ビジネスコネクト・LINE@] LINE ビジネスコネクトを活用する ………… 140

09 [Facebook メッセンジャー] 企業サイトでやりとりできるチャットボットの可能性 … 142

COLUMN 広告を配信する前にチェックリストをつくろう ……………………………… 144

> CHAPTER 5

注目を集めるSNS広告 ……………………………… 145

01 [各SNS広告の特徴] SNS広告の基本的な特徴を知ろう ……………………… 146

02 [SNS広告の出稿] 設定した KGI や KPI を参考に広告の出稿を検討しよう ……… 148

03 [リスティング広告と SNS広告] ついクリックしてしまう SNS広告とは？ ……… 150

04 [SNS広告の失敗パターン] 広告ではこんな失敗に気をつけよう ………………… 152

05 [SNS広告運用レポート] 広告運用でもレポートを作成しよう ……………………… 154

COLUMN フォロワー1人あたりの獲得コストは？ …………………………………… 156

> CHAPTER 6

炎上予防と対策 ……………………………………… 157

01 [炎上のプロセス] 炎上はどうして起きるのか？ …………………………………… 158

02 [炎上の予防策] 炎上させないためにできること ………………………………… 160

03 [炎上への対処法] ピンチをチャンスに！ 炎上をプラスに反転する …………… 162

COLUMN 加害者や被害者にならないために。フェイクニュースに気をつけよう … 164

> CHAPTER 7

運用効率を上げるおすすめツール …………165

01 **[SNS担当者がチェックすべきサイト]** 日々変化する情報をキャッチアップするために …166

02 **[マルチ投稿・分析機能]** 運用効率を上げるSNSマーケティングツール ………170

03 **[分析ツール・委託ツール・監視サービス]** 時間が足りない時に使えるツール …172

04 **[参考になる企業公式アカウント]** 効率よく情報収集してSNSのお手本を見つけよう …174

COLUMN 資格をとってレベルアップしよう！…………………………………177

おわりに ………………………………………………………………178

用語集 ………………………………………………………………180

索引 ………………………………………………………………188

著者紹介 ………………………………………………………………191

INTRODUCTION

―――

デジタル時代の
SNS マーケティング

01 SNSの利用者・利用時間はますます
　　増えている!

02 SNSの情報拡散力

03 急成長するSNSのマーケティング力

04 生活者の6つのステージを知る

05 ググるよりタグる!? SNSで検索する
　　時代に

06 企業の発信情報は、友人のランチ情
　　報にかなわない

07 SNSでフォロワーを増やすことの意味

> INTRODUCTION　デジタル時代の SNS マーケティング

No. 01 | SNS の利用者・利用時間はますます増えている！

　あなたの会社の商品・サービスのターゲットに情報を伝えることが、マーケティング活動において重要なのはいうまでもありません。最近では、SNS を使って情報発信する企業も増えてきました。

　その理由の 1 つに、数多くの人が Facebook や Twitter、Instagram、LINE などの SNS に、長い時間を消費していることがあります。

　では、あなたは、現在の日本でどれくらいの人がどれくらいの時間を SNS に費やしているか知っていますか？

　ICT 総研の「2017 年度 SNS 利用動向に関する調査」によると、日本で SNS を使用するユーザー数は年々増え続け、2013 年末では約 5,500 万人だった SNS ユーザーが、2019 年末には約 7,700 万人に到達するとされています。また、SNS の利用率も 2013 年末では 56.4% だったのが、2019 年では 76.7% になると予想されています。2017 年現在の人口約 1 億 2,700 万人から考えると、半数以上の人が SNS を使用することになります。

　続いて SNS に費やす時間を考えてみましょう。総務省の調査を見ると、ネットの利用項目の中で、全年代では平日に時間を最も費やすのは「メールを読む・書く」であることがわかります（図1）。一方、休日に最も時間を費やすのは「ソーシャルメディアを見る・書く」という結果になっています。

　現時点では、平日は若い世代を中心に使われています。だからこそ、平日の利用時間も将来的に SNS が逆転する可能性は否定できません。

　今、マーケターが深く理解すべきメディアは SNS なのです。

図1 ネットの平均利用時間

平成28年 [平日1日] ネット利用項目別平均利用時間（全年代・年代別）

単位：分	全年代 (N=3,000)	10代 (N=280)	20代 (N=434)	30代 (N=534)	40代 (N=626)	50代 (N=520)	60代 (N=606)
メールを読む・書く	30.1	20.2	25.7	42.9	28.8	40.2	19.1
ブログやウェブサイトを見る・書く	21.2	12.1	36.0	25.2	27.4	15.9	9.4
ソーシャルメディアを見る・書く	25.0	58.9	60.8	24.2	20.5	9.6	2.0
動画投稿・共有サービスを見る	12.4	38.9	26.1	12.1	7.6	4.5	2.6
VODを見る	2.1	1.4	5.2	2.2	2.4	1.7	0.3
オンラインゲーム・ソーシャルゲームをする	14.9	31.0	25.4	18.3	15.7	8.4	1.6
ネット通話を使う	4.1	5.7	16.2	3.4	1.0	2.0	0.5

平成28年 [休日1日] ネット利用項目別平均利用時間（全年代・年代別）

単位：分	全年代 (N=1,500)	10代 (N=140)	20代 (N=217)	30代 (N=267)	40代 (N=313)	50代 (N=260)	60代 (N=303)
メールを読む・書く	21.0	32.0	26.4	19.1	20.6	20.8	14.0
ブログやウェブサイトを見る・書く	21.7	16.4	34.6	27.3	26.8	17.5	8.5
ソーシャルメディアを見る・書く	32.7	96.8	80.7	30.7	20.7	8.7	3.3
動画投稿・共有サービスを見る	21.9	62.2	50.6	15.8	18.5	5.0	6.2
VODを見る	4.1	4.3	10.1	4.9	4.0	2.7	0.5
オンラインゲーム・ソーシャルゲームをする	26.2	54.5	50.1	26.8	25.1	18.1	3.7
ネット通話を使う	4.8	5.5	15.8	5.9	3.1	1.3	0.3

出典：総務省情報通信政策研究所「平成28年 情報通信メディアの利用時間と情報行動に関する調査」のデータをもとに作成

URL http://www.soumu.go.jp/main_content/000492877.pdf

> INTRODUCTION　デジタル時代のSNSマーケティング

No.
02　SNSの情報拡散力

　マーケティングにおいてSNSを重視すべき理由は、高い利用率だけではありません。SNSには、シェア機能による情報拡散力という他のメディアにはない大きな特徴があります。

　図2は企業から生活者へ情報がどのように伝わっているのかを、メディアを中心に簡単な図式にしたものです。あらゆる情報がSNSを通じてシェア・拡散されていることが見てとれます。

　SNS利用者の目に留まった情報は、一瞬でシェアされ、拡散されていくため、良い情報であれば非常に大きな話題になることもある半面、悪い情報であればいわゆる炎上にもつながっていきます。その上、情報の拡散はSNS内にとどまらず、SNS上で拡散された翌日には、テレビ番組で「今SNSで話題の○○」「○○がネットで炎上中」と紹介されることも多くあります。企業のSNS投稿をきっかけに、マスメディアやネットメディアなどで取り上げられ、それを見た生活者がSNSで話題にする、といった循環が生まれ、拡散していきます。

● マスメディアとSNS

　企業の担当者視点で考えると、SNSが台頭する以前は、企業はテレビや新聞といったマスメディアを通じて、生活者へメッセージを届ける方法が一般的でした。しかしSNSの公式アカウントを通じてファンになってもらえると、生活者と双方向につながることができ、コンテンツを届けることもリアクションをもらうことも可能です。投稿したコンテンツに対し、ファンは「いいね！」やコメント、シェアをすることができるので、ファンの友達への拡散も期待できるでしょう。

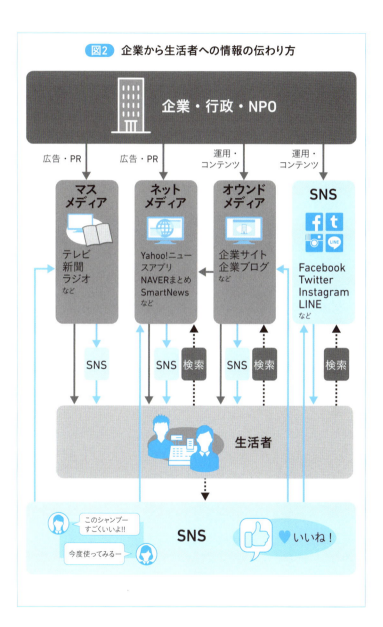

> INTRODUCTION　デジタル時代のSNSマーケティング

No.

03 | 急成長する
SNSのマーケティング力

　SNSは、利用者の数を伸ばすと同時に利用者の年代の幅も広げてきました。図3は、2012年と2016年のSNS利用率を年代別に比較したものです。

　1つ以上のSNSを利用している人の割合を示す「6つのいずれか利用」の指標を追ってみましょう。

　2016年は特に20代はほぼ100％となっています。2012年では約20％の利用率だった50代も、2016年では約60％と半数以上となっています。

　以前は、若い人が利用していたSNSは、今や全年代の人に使われるメディアとなったのです。

● SNSの変化

　FacebookやTwitterの日本語版が登場した2008年頃は、利用者の年代や特性が限られていました。そのため、企業やブランドの情報を届けたい人（ターゲット）がSNSの利用者にいた場合に、そのターゲットに向けて広告を配信したり、公式アカウントから情報を発信したりと、SNSをいわゆるターゲティングメディアと捉えて利用していました。

　しかし、利用者の数や利用時間が増加するにつれてSNSが及ぼす影響はますます大きなものとなり、SNSのサービス自体も発展してきました。そのため、現在は幅広い年代、幅広い趣味嗜好の人々に向けて情報発信することができるようになったといえるでしょう。

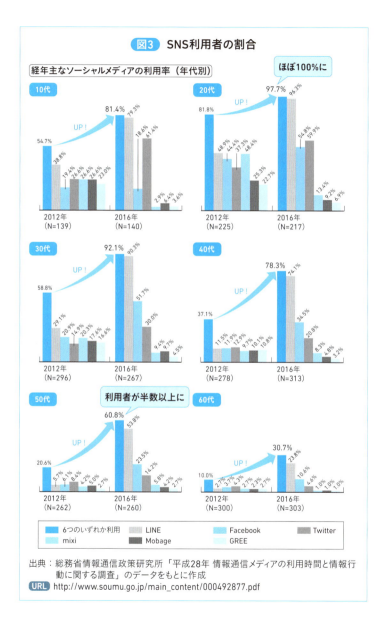

> INTRODUCTION　デジタル時代のSNSマーケティング

No.
04

生活者の6つの
ステージを知る

　図4をご覧ください。この図は、生活者がどのようなフローを通じて購買に至るのか、モデル化（購買行動モデル）したものです。

　皆さんの企業やブランドをより多くの人に知ってもらいたい場合、SNSを活用してより多くの人に、まずは「認知」してもらう必要があります。「認知」のタイミングではSNS広告を活用してアカウントにファンやフォロワーを集めることが大切です。

　その後「興味・関心」を持ったユーザーには、さらに深く企業やブランドを理解してもらう活動も重要になります。日々の投稿を工夫したり、キャンペーンや影響力を持つ人（インフルエンサー）を起用したりすると効果的です。

　購入直前の「比較・検討」段階にいるユーザーには、他社企業と比較しながら、企業の理解を深めてもらう必要があります。広告を用いたクーポン配信、公式アカウントなどで他社製品との違いを説明することなどが有効です。

　購入後の「リピート」段階にいる顧客のつぶやきを検索（ソーシャルリスニング）し、困っていることやネガティブな発言に対処法を返信することで、リピートにつなげている例もあります（ソーシャルリスニングの事例は126ページ参照）。

　「推奨行動」段階にいるユーザーに公式アカウントでの情報発信を続けていれば、ファンになり、友人や知人へおすすめしやすくなります。

　このように生活者の6つの行動にあわせてSNSを活用し、企業やブランドに対する信頼や愛着を感じてもらえる関係を築いていきましょう。

図4 目標から考えるSNSの使用例

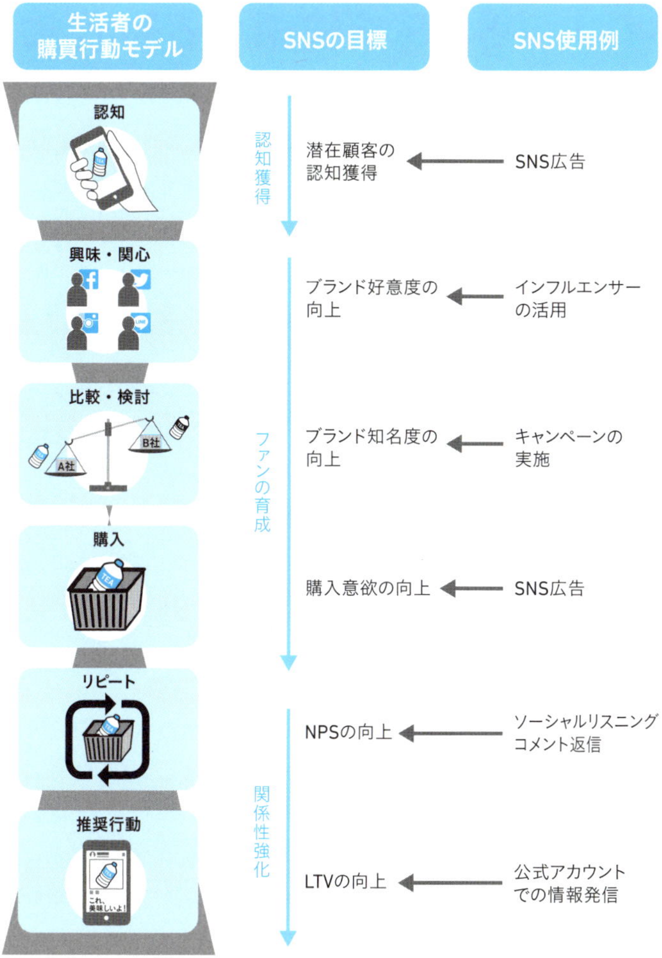

生活者の購買行動モデル	SNSの目標	SNS使用例

認知獲得

認知	潜在顧客の認知獲得 ←	SNS広告

興味・関心	ブランド好意度の向上 ←	インフルエンサーの活用

ファンの育成

比較・検討	ブランド知名度の向上 ←	キャンペーンの実施

購入	購入意欲の向上 ←	SNS広告

リピート	NPSの向上 ←	ソーシャルリスニングコメント返信

関係性強化

推奨行動	LTVの向上 ←	公式アカウントでの情報発信

NPS：Net Promoter Score（ネットプロモータースコア）の略称。どのくらいの来店誘導や購入につながったかを分析すること

LTV：Life Time Valueの略称。顧客と企業の取引開始から終了までの期間に、その顧客が企業やブランドにもたらす損益を算出する

> INTRODUCTION　デジタル時代のSNSマーケティング

No.
05　ググるよりタグる!?
SNSで検索する時代に

　「商品を購入する前に、ググる」というのはもう古いかもしれません。最近では、口コミをSNSのハッシュタグで探すことが常識になりつつあります。

　そもそもハッシュタグ（図5）とは、投稿のキーワードに「#」（半角のシャープ）をつけたものです。ハッシュタグをクリックすると、同じハッシュタグをつけた投稿が検索できます。

　サイバー・バズが女性SNSユーザーの「ハッシュタグ検索と購買行動の関係性」に関する調査を行いました（図6）。その結果、約6割のユーザーがハッシュタグ検索を行ったことがあると回答しており、そのうちの約4割がハッシュタグ検索をきっかけにした購入経験があることがわかっています。20代女性に至っては、約6割もの人が購入しています。

● 企業もハッシュタグを活用すべきなのはなぜ？

　ハッシュタグを利用しているのは個人だけではありません。特定のハッシュタグをつけて投稿したユーザーに、特典としてプレゼントをするというキャンペーンをした企業事例もあります（128ページ参照）。SNSで商品やサービスに関連する投稿やハッシュタグが増えれば、それだけユーザーの目に留まりやすくなり、ハッシュタグによる検索数も増えていくと考えられるからです。

　人々がSNSから情報を取得するようになったことで、これまでのようにただ単にホームページから発信しているだけでは、十分に情報を届けられているとはいえない時代がきているのです。

図5 ハッシュタグとは？

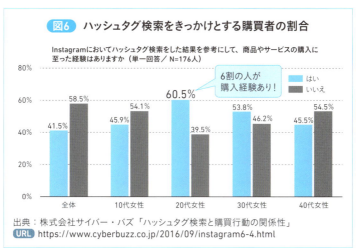

図6 ハッシュタグ検索をきっかけとする購買者の割合

出典：株式会社サイバー・バズ「ハッシュタグ検索と購買行動の関係性」
URL https://www.cyberbuzz.co.jp/2016/09/instagram6-4.html

> INTRODUCTION　デジタル時代のSNSマーケティング

No.
06 企業の発信情報は、友人の
ランチ情報にかなわない

　これまでの話で、SNSの活用がこれからのマーケティングにおい
ていかに重要かということがおわかりいただけたかと思います。

　しかし、単にSNSで企業情報を流しても顧客には届きません。企業
が発信する情報がユーザーに届きにくい背景を知っておく必要があ
ります。

　例えば、企業の「新商品を発売した」という投稿の下に、友人の
「ランチでカツ丼を食べた」という写真つきの投稿があれば、大抵の
人は友人のランチ情報のほうに興味を持ちます（図7）。

　企業が発信する情報は、その内容に興味を持ってもらえなければ、
ユーザーに表示されても、ほぼ読まれることなく流れていってしま
うのです。

● 人気企業アカウントの担当者が意識していること

　人気企業アカウントの担当者は、次のことを常に意識しています。

　それは、「SNSの利用者は企業の情報を知りたくて利用しているわけ
ではない」ということ。SNSは、基本的に人と人とがコミュニケー
ションをとるためのものです。

　このことをわかっていないと、発信力において企業が個人に劣る
結果を招いてしまいます。

　個人と違って企業は、どんなに多くのフォロワーがいても、自分たち
が一番発信したい情報を流すだけではだめで、工夫が必要なのです。

　これはユーザー側からすれば当たり前のことですが、SNSの担当
者になると忘れてしまいがちなので、気をつけましょう。

020

> INTRODUCTION　デジタル時代のSNSマーケティング

● 話題になりにくい時代

　発信する情報がユーザーに届きにくい背景にはもう1つ要因があります。それは、誰もが簡単に情報発信できるようになり、世の中に流れる情報量が増えたことです。一方で、私たちが消費できる情報量は変わっていません（図8）。

　私たちは、消費できる量の何万倍もの情報に囲まれているため、ほとんどの情報を無視せざるを得ないのです。

　見方を変えれば、**発信した情報が話題になりにくい時代**といえるでしょう。

　今は商品やサービスが成熟して他社との差別化が難しく、同じような新商品の発売情報があふれています。かつて、スポーツ飲料というカテゴリーがなかった時代は、ポカリスエットの発売が大きなニュースになり、多くの子どもたちはポカリスエットに夢中になりました。しかし、今ではどの飲料メーカーからもスポーツ飲料が発売されており、たとえその中で新たなスポーツ飲料が発売されたとしても、もう当時のように大きな話題になることはありません。

● お役立ち情報を発信しよう

　では、どうすれば企業が発信した情報を受け取ってもらえるのでしょうか？　それには、マーケティング活動自体が、"生活者に愛される"活動であることが重要です。**生活者に「嬉しい」「ありがたい」「好きだな」と思ってもらえるようなマーケティング活動が求められている**のです。

　例えばSNSを使ったマーケティングならば、商品情報と一緒にちょっとしたお役立ち情報も発信することができます。

　食器用洗剤のフロッシュのSNSでは、ボージョレ・ヌーボーの解禁日にあわせ、「フレッシュな香りを楽しむために、ワイングラスを洗

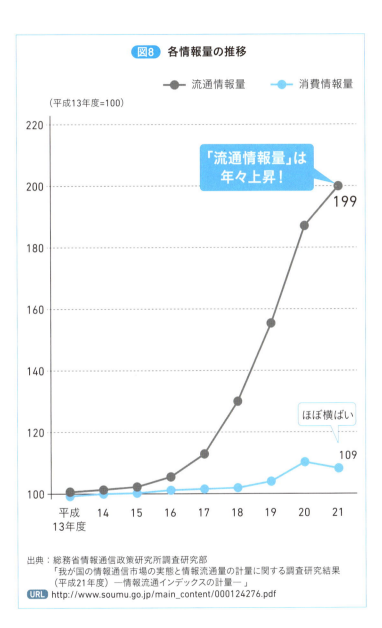

出典：総務省情報通信政策研究所調査研究部
「我が国の情報通信市場の実態と情報流通量の計量に関する調査研究結果
（平成21年度）―情報流通インデックスの計量―」
URL http://www.soumu.go.jp/main_content/000124276.pdf

う時には、無香料のフロッシュ食器用洗剤パフュームフリーがおすすめ」というお役立ち情報が投稿されています（図9）。

ワイン好きの人には豆知識として「なるほど」と思ってもらえるでしょうし、不快な話でもありません。同じくワイン好きの友人にシェアしたり、コメントをつけたりという反応が得られることもあります。

● 訪れた人を定着させるには？

もし役立つ情報が定期的に発信されていれば、そのアカウント自体に好意を持ってフォローしてくれることもあるでしょう。

一方で、「○○新発売！」などといったあからさまな企業や商品情報を中心に発信していては、ユーザーはそのアカウント自体に興味を持つことはありません。一度フォローしたとしても、すぐに外され、その時点からそのユーザーにはどんな情報もいっさい届かなくなってしまいます。

つまり、これからのマーケティング活動では、ユーザー中心に物事を考えていく必要があるのです。そうしなければ、どんな働きかけもことごとく無視され、ブランドも商品も埋もれてしまうでしょう。

SNSは、良い反応も悪い反応も即座にフィードバックが受けられる点で優れたマーケティングツールです。ユーザーから返ってくるフィードバックが多ければ多いほど、基本的にはそのコンテンツが愛されているといえます。愛されるマーケティング活動を行っていくために、SNSを活用して、ユーザーと密接なコミュニケーションをとりましょう。

多くの人に愛される企業になることを目標に、生活者にとって役に立つ情報や商品を使うメリットを投稿すると、ユーザーに共感されやすくなります（企業の投稿事例はCHAPTER 2参照）。

図9 フロッシュのお役立ち情報投稿例

出典：フロッシュのFacebookページ
URL https://www.facebook.com/frosch.jp/photos/
a.214803525347943.1073741828.173611346133828/
873801722781450/?type=3&theater

> INTRODUCTION　デジタル時代のSNSマーケティング

No.
07　SNSでフォロワーを
増やすことの意味

　SNSマーケティングを成功させる上で、アカウントのフォロワー数を増やしていくことは重要な要素の1つです。では、そもそもなぜフォロワーを増やす必要があるのでしょうか。

◉ フォロワーづくりが好感度アップの鍵

　図10は、ある外資系企業のTwitterアカウントのフォロワー約100人に対して行ったアンケート調査結果です（アンケート集計期間は約2週間）。

　「Twitterアカウントの情報を見るようになってから、どのような変化がありましたか？」という問いに対する回答数をまとめたものです。

　「企業への親近感が増した」や「商品やサービスの利用頻度が増した」といったように、ポジティブな気持ちや行動の変化（態度変容）を起こしたことがわかります。

　22ページでお伝えしたとおり、企業アカウントの情報が愛されるものであることが前提となりますが、企業アカウントの情報は、見た人の気持ちや行動によい影響を与えることが明らかになりました。

　また、メルマガ登録やホームページの閲覧など具体的なアクションにつながっていることも確認できます。

　このことから、フォロワーになってもらうことが、ブランドへの愛着につながり、ひいては商品の購買にもつながっていくということがわかります。つまり、フォロワーを増やすということは、巡り巡って顧客を増やすということに結びつくといえるでしょう。

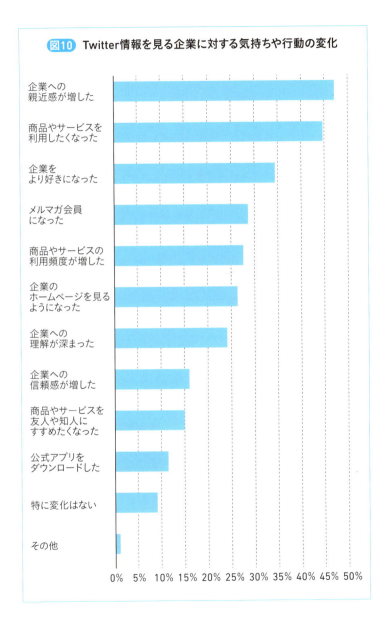

> INTRODUCTION　デジタル時代のSNSマーケティング

COLUMN

タイムラインとストーリーズは こう使い分けられている！

InstagramとFacebookには、自分と自分のフォローしているユーザーが投稿した画像や動画が時間順に表示されていく「タイムライン」と、投稿した画像や動画が24時間だけ表示される「ストーリーズ」という、大きく分けて2つの機能があります（Facebookの機能の名称は「ストーリー」）。

そのため、タイムラインには厳選した1枚の画像を投稿する傾向があり、ストーリーズには完成度の高い画像よりもリアルタイムな体験を画像や動画にして投稿する傾向が見られます。

アウトドア用品などの販売を行う「Wilderness Culture」は、Instagramのタイムラインにクオリティの高い投稿をしてフォロワーを200万人以上集める一方で、ストーリーズもうまく活用し、商品の販売開始をカウントダウンしたり、在庫数をリアルタイムで配信したりしながら販促につなげています（図11）。

図11　Wilderness CultureのInstagramページ

出典：Wilderness Culture の Instagram ページ
URL https://www.instagram.com/wilderness_culture/

CHAPTER

1

基本知識と目標設定

01 SNSを始める前に決めるべき4大要素

02 効果を知るために、まずは目標を設定しよう

03 競合他社と比較してKPIを決めよう

04 そのSNSに、ターゲットはいますか?

05 ビジネスパーソンが集まるFacebook活用法

06 10代・20代が集まるTwitter活用法

07 写真・動画の世界観を追求するInstagram活用法

08 ユーザー数No.1のLINE活用法

09 情報を届けたいのは、どこの誰?

10 いざという時に役立つ共有資料のつくり方

> CHAPTER 1　基本知識と目標設定

No.

01

［フォーカスを決める］

SNSを始める前に
決めるべき4大要素

　SNSマーケティングで成果を上げるためには、企業アカウントを開設する前に大きく分けて次の4つを決めておく必要があります。それは、① 目標（KGI・KPI）、② ペルソナ、③ 利用するSNS、④ 運用ポリシー・運用マニュアルです（図1）。それぞれについて詳しく見ていきます。

● ① 目標を設定しよう（KGI・KPI）

　まず、KGI（重要目標達成指標）・KPI（重要業績評価指標）と呼ばれる指標を定めます。

　「世の中の流れだから」、「上司にいわれたから」という理由で何となくSNSを始めてしまっては、何の成果も得られません。

　SNSは、あくまでもマーケティングの目標を達成するための手段です。SNSを運用すること自体が目標になってしまわないよう、まずは何のために運用するのか、どのような状態になれば成果が出ているといえるのかを明確にしましょう。

● ② 顧客は誰か考えよう（ペルソナ）

　利用するSNSが決まったら、投稿するコンテンツの方向性を明確にするための前提として、どのようなユーザーに情報を届けたいのかを深く掘り下げ、ペルソナを設定しましょう。

● ③ SNSを選ぼう（利用するSNS）

　次に、その目標を達成するために最も適したSNSを決めます。

030

企業やブランドによってお客さまが異なるように、彼らがどのSNSを活用しているかもまた異なります。

利用するSNSを絞る場合は、各SNSのユーザー層や特徴を把握した上で、**最も自社のターゲットや商品に合ったSNSを選ぶことが大切**です（各SNSの特徴については、40ページ以降で詳しく説明します）。

④ 予期せぬ事態を想定しよう（運用ポリシー・運用マニュアル）

さらに、予期せぬ事態が起こってしまった場合でも慌てずに対応できるよう、**運用ポリシーや運用マニュアルもあらかじめ作成しておく**必要があります（52ページ参照）。

これらの準備をしっかり行うことで、長期にわたる企業のブランディングを見据えながら、SNSを安定的に運用できるようになるのです。

図1　最初に決める4つの要素

> CHAPTER 1　基本知識と目標設定

No.

02

［KGI・KPI］

効果を知るために、
まずは目標を設定しよう

初めに、SNSで企業アカウントを運用していく際に大前提となる KGIを考えていきましょう。KGIとは、簡単にいえば、SNSを運用する上での最終目標のことです。

● 自社にとっての目標は？

SNSマーケティングにおける主なKGIは、「認知度の向上」「ブランド好意度の向上」「購入意欲の向上」など（図2）が挙げられます。その中で、自社にとって何が必要なのかを考えましょう。

KGIは、具体的な数値を決めてください。ただし「認知度」「ブランド好意度」「購入意欲」を評価する場合、ファン数や反応数だけを追っても意味がありません。

そこで消費者アンケートを実施して、フォロワーやファンになってくれた人たちの気持ちがどのように変化したのかを調査・分析する必要があります（120ページ参照）。

例えば、自社アカウントのフォロワーに対して、認知度をKGIとした場合、アンケート調査で得られた現在の認知度が「40％」だった場合は「50％（10％増）」といったようにKGIを決めていきましょう。

すでに自社の企業名やブランド名が広く知られている場合は、「好感を持たれているか」という観点で評価する「ブランド好意度」のKGIも設定することが必要です。

「こんな商品・サービスがあったんだ」「この企業の投稿は印象がいいな」と思ってもらえるSNSの施策を通じて、目標を達成しましょう。

032

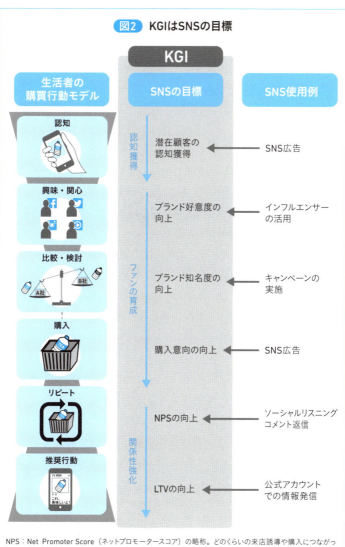

NPS： Net Promoter Score（ネットプロモータースコア）の略称。どのくらいの来店誘導や購入につながったかを分析すること
LTV： Life Time Valueの略称。顧客と企業の取引開始から終了までの期間に、その顧客が企業やブランドにもたらす損益を算出する

> CHAPTER 1　基本知識と目標設定

◉ 目標の達成度をあらわそう

　KPIは、SNSアカウント運用の最終目標であるKGIの達成にどれほど近づいているか、その過程を評価する指標です。簡単にいえば、KPIとは最終目標の達成までに必要なことです。

　KPIの内容は、KGIによって変わります。KGIが「ブランド認知度の向上」であれば、ファン（フォロワー）数やリーチ数、インプレッション数などの数値を設定する必要があります。「ブランド好意度の向上」であれば、投稿に対する「いいね！」数やコメント数、リツイート数などを設定する必要があります（図3）。

　KPIの具体的な数値の決め方でおすすめの1つは、競合となる企業のアカウントの実績を参考にすることです。

　詳しくは次節で述べますが、競合他社のファン数や1投稿あたりの平均「いいね！」数などを集計し、その中でトップを目指すのか、平均を目指すのかといったことから考えていくとスムーズです。もし競合他社がSNSを活用していない場合は、業界が異なってもSNSをうまく利用している企業を参考にしましょう。

◉ KGIとKPIを混同しないように注意

　KGIとKPIは混同されやすいですが、セットで考えるとわかりやすいです。例えば、KGIが認知獲得なら、KPIは「多くの人に届けるのが重要なので、KPIはファン数で設定する」と考えます。

　KGIはKey Goal Indicatorの略で、名称にゴールとあるように、SNSを活用する目標や狙いと考えましょう。

　一方でKPIはKey Performance Indicatorを略したものです。名称にパフォーマンスとあるように、SNSの活用における現在の成績や実績を知るための値です。

　重要なキーワードなので、ぜひ覚えておきましょう。

034

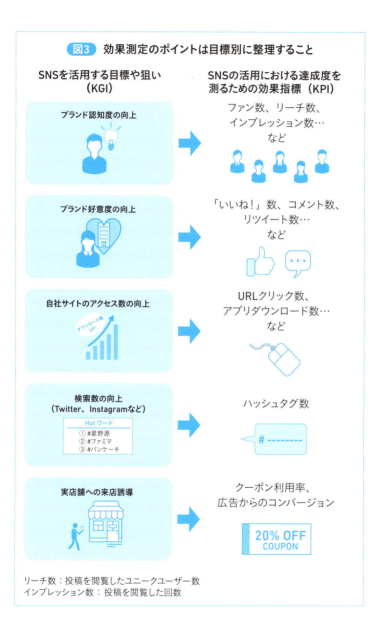

> CHAPTER 1　基本知識と目標設定

No.

03

[KPI]

競合他社と比較して
KPIを決めよう

　KPIは、「ファン数（フォロワー数）」や「エンゲージメント率」などがよく設定されます。

　しかし、目標となる数値に悩む方も多いと思います。

　前項で紹介したように、競合他社を数社ピックアップし、各社のファン数や「いいね！」数などと比較して決める方法を詳しく見てみましょう（図4の例1）。

　他社と比較することで自社のポジションを把握しやすくなります。もし、競合他社がいない場合は、近しい業界をベンチマークとするのもよいでしょう。例えば、自社が「ソフトウェア会社」であれば「IT製品」でページを立ち上げているところを探してみるのも手です。

　各社の数値を集計したら、それぞれ平均値を計算して業界内での標準ラインを出してみましょう。各社の値があまりにもかけ離れている場合（上位企業のファン数が多すぎるなど）には平均値ではなく中央値を出してみるのも有効です。

● スケジュールを立てる

　目標のファン数を決めたら、次に図4の例2のようにどれぐらいの期間をかけて達成すべきか、簡易なスケジュールを立ててみましょう。半年から1年ぐらいかけて達成するケースが多いですが、SNS広告やキャンペーン（CHAPTER 2参照）などの施策によっても変わりますし、最初に立てた目標から外れることもあります。運用しながら毎月の獲得ファン数などを見て調整していきましょう。

図4 他社を分析してKPIを決める例

●例1：2017年の2月1日〜28日など、特定の期間で、他企業のファン、フォロワー数、「いいね！」数などのKPIを集計する

企業	ファン数	いいね!数	コメント数	シェア数	エンゲージメント数
A社	2,500	200	120	35	14.20%
B社	2,300	233	52	49	14.52%
C社	5,000	150	63	62	5.50%
D社	4,500	500	22	41	12.51%
平均	3,575	270.75	64.25	46.75	10.68%

●例2：競合他社のファン数を参考に年内のファン数5,000人を目指すことを決める

インプレッション数やリーチ数のKPIは、他社と比較できないため、自社の前年比等を参考にして決める

> CHAPTER 1 　基本知識と目標設定

No.

04

[各SNSユーザーの特徴]

そのSNSに、
ターゲットはいますか？

SNSには、ユーザー層や利用シーンに応じてそれぞれ特徴があります。特徴の違いを理解した上で、自社に適したSNSを選んで利用しましょう。

● 各SNSユーザーの性別・年代

まず参考にしたいのが、各SNSのユーザーの主な年齢層です。皆さんの企業の商品・サービスのターゲットが多く利用しているSNSを選定しましょう。

図5は、Facebook、Twitter、Instagram、LINEのユーザー数を年代別に示したものです。

各SNSのユーザー数を見てみると、Facebookは30代、Twitterは20代が最も多く、Instagramは20代が中心となっています。

Facebookの場合は20〜30代のビジネスパーソンの利用が最も多いのですが、40代にも使われているため、比較的幅広い世代へのリーチが期待できます。

一方Twitterは10〜20代が多いことから、学生などの若い世代にアプローチしたい時に有効といえます。また、Instagramの場合は、10〜20代女性に人気があることがわかりますが、意外にも30代や40代の利用が多いことに驚く方も多いでしょう。

また、LINEの場合は全年代に広く使われています。メールの代わりに、コミュニケーションツールとして個人で活用している方も多く、ユーザー数で見ると国内最大のメッセージアプリといえます。

では、次の項目で各SNSの特徴をさらに詳しく見てみましょう。

038

図5 国内の男女別・年代別　主要SNS利用人数（推定値）

（単位：万人）

	Facebook			Twitter		
	全体	男性	女性	全体	男性	女性
10代	213	98	115	702	318	385
20代	685	324	361	748	341	407
30代	776	353	423	450	229	220
40代	652	349	304	392	205	188
50代	369	194	175	223	91	133
60代	188	123	65	83	36	47
合計値	2,883	1,441	1,443	2,598	1,220	1,380
参考値 （運営企業公表の月間利用者数）	2,800			4,500		

	Instagram			LINE		
	全体	男性	女性	全体	男性	女性
10代	351	122	229	906	415	491
20代	563	219	344	1,203	606	596
30代	456	140	316	1,355	655	700
40代	302	108	194	1,402	656	746
50代	93	54	139	846	387	459
60代	24	0	24	423	205	218
合計値	1,789	643	1,246	6,135	2,924	3,210
参考値 （運営企業公表の月間利用者数）	2,000			7,100		

出典：インスタラボ「主要SNSのユーザー数と利用企業数の比較
（Facebook,Twitter,Instagram,LINE）」をもとに作成
URL https://find-model.jp/insta-lab/sns-users/

> CHAPTER 1　基本知識と目標設定

No.
05

［SNSの特徴 ①］

ビジネスパーソンが集まる Facebook 活用法

　Facebookにおける国内の月間アクティブユーザー数は2,800万人（2017年9月発表）です。全体の利用者は少しずつ増加しており、Facebookでは、主にビジネスパーソンのコミュニティを中心に利用されています。年齢で見ると20〜40代が最も多く利用しています。

　また実名制で、メッセージ機能が充実しているため、プライベートだけでなく、同僚や取引先などビジネスの連絡にも活発に利用されており、他のSNSと比べてフォーマルな場といえるでしょう（図6）。

● ビジネスパーソンに響くサービス

　Facebookページという機能を使うことによって企業のページを開設することができます。テキストや写真、動画の投稿に始まり、外部サイトのリンクシェア、複数の写真を投稿できるアルバム機能、イベントページの作成、24時間公開される「ストーリー」など、企業にとっても利用しやすい幅広いコンテンツが用意されています。

　企業ページが「いいね！」されると、「いいね！」を押してくれた人（ファン）のタイムラインに情報が表示されるようになります。ファンの年齢層や男女比、「いいね！」やコメントを多くもらえた投稿など、分析機能を使って調べることもできます。

　また、広告のターゲティング精度が高いことも大きな強みです。Facebookは登録する際に、本名の他、生年月日と性別が必要であること、居住地などの個人情報を登録している人が多いことから、広告ターゲットの設定時には、年齢や性別、地域に加え、学歴や子どもの年齢などがかなり細かく指定できるようになっています。

040

図6 Facebookの特徴

	f
国内ユーザー数	約2,800万人
コンテンツの種類	・テキスト　・カルーセル ・リンク　　・画像 ・動画　　　・LIVE動画 ・ストーリー
特　徴	・フォーマルな場  ・コンテンツが豊富  ・広告のターゲット分析の精度が高い 

カルーセル：1つの投稿で複数の画像とURLを閲覧できるタイプの投稿

出典：国内ユーザー数は、ITmediaによるFacebook公式会見の取材記事
　　「Facebookが注目する『中小企業』と『地方』」を参照
URL http://www.itmedia.co.jp/business/articles/1709/15/news038.html

> CHAPTER 1　基本知識と目標設定

No.

06

［SNSの特徴 ②］

10代・20代が集まる
Twitter 活用法

Twitter の国内の月間アクティブユーザー数は4,500万人（2017年10月発表）です。全年齢の中で特に10代、20代の利用が活発です。ただ、実名制であるFacebookは基本的に1人につき1アカウントであるのに対し、Twitterでは1人につき複数のアカウントを所持していることも珍しくありません。月間アクティブユーザー数はアカウント数がベースとなっているため、実際の利用者数はその点を考慮する必要があります。

● リアルタイム性の高いサービス

近況報告や情報収集のための利用が多いため、ニュースや話題が頻繁に共有されるリアルタイム性の高いSNSといえるでしょう（図7）。

テキストは1投稿あたり140文字まで（半角英数は0.5文字で計算）となっているので、短いメッセージで伝える必要があります。他者の投稿を共有するためのリツイート（RT）機能が活発に利用されており、拡散性は他のSNSと比較して高いといえるでしょう。

また、投稿のハッシュタグを検索して閲覧することも文化として根づいているため、ハッシュタグやリツイートなどを通じて、自社アカウントをフォロワー以外に見てもらえる可能性があります。

Facebookと同様にTwitterアナリティクスを活用すると、インプレッション数（投稿が見られた回数）やエンゲージメント数を閲覧できるため、ターゲット分析の精度が高いです。テキスト以外にも、URL、画像や動画の投稿、ライブ配信を行うことができるので、活用してインプレッション数やエンゲージメント数を伸ばしましょう。

図7 Twitterの特徴

国内ユーザー数	約**4,500**万人
コンテンツの種類	・テキスト（140文字） ・リンク ・画像 ・動画 ・LIVE対応
特　徴	・リアルタイム性 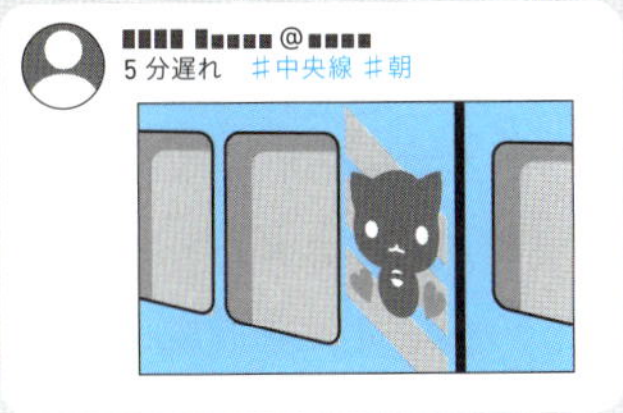 5分遅れ　＃中央線 ＃朝 ・拡散性 ・ハッシュタグ　#hashtag ・ターゲット分析の精度が高い 

国内ユーザー数は、Twitter Japanのツイートを参照
URL https://twitter.com/TwitterJP/status/923671036758958080

> CHAPTER 1　基本知識と目標設定

No.
07

［SNSの特徴 ③］
写真・動画の世界観を追求するInstagram活用法

　Instagramの月間アクティブユーザー数はFacebook、Twitter、LINEの3つに比べて少ないですが、近年最も著しく成長しているSNSです。ユーザー数は増え続けており、2016年12月時点では1,600万人でしたが、2017年10月には2,000万人を突破しました。男女比は39：61で、女性が多く利用しています。

● ビジュアルを重視するサービス

　サービス開始当初は写真の投稿に特化していましたが、動画の投稿もできるようになったり、24時間で投稿が自動消去される「ストーリーズ」機能が追加されたりするなど、使い方のバリエーションが増えており、今後ますますの成長が期待されます（図8）。

　ビジュアルがメインのSNSであるため、美しい、かわいい、独自のカラーがあるなど、投稿内容にはある程度のクオリティと世界観の確立が求められます。ほとんどの投稿にはハッシュタグがつけられ、Twitterと同様にそのハッシュタグをたどって他の投稿を検索することが文化として定着しています。

　画像または動画が必須で、テキスト単体では通常の投稿ができません（ストーリーズでは可能）。そのため、Instagramを企業が活用する場合には、ユーザーが反応したくなるような写真や動画があるかという点が重要なポイントです。ただし、企業の商材がInstagramの文化に合いそうにない場合でも、Instagram用にアレンジする企業も少なくありません。ペルソナ（48ページ参照）や目的に応じて慎重に選択することをおすすめします。

044

図8　Instagramの特徴

国内ユーザー数	約**2,000**万人
コンテンツの種類	・画像 ・カルーセル ・動画 ・ストーリーズ（24時間限定） ・ストーリーズでLIVE配信可能
特　徴	・写真メイン  猫かわいい〜　＃家の裏にいた　＃黒猫 ・世界観の重要性  ・ハッシュタグ  #hashtag

国内ユーザー数は、日本経済新聞 電子版「インスタグラム国内2000万人突破『ネット通販と連携も』」（2017年10月3日）を参照
URL https://www.nikkei.com/article/DGXMZO21819200T01C17A0000000/

> CHAPTER 1　基本知識と目標設定

No.

08

［SNSの特徴 ④］

ユーザー数 No.1 の LINE 活用法

　LINE のユーザー数は7,100万人（2017年10月発表）と4つのSNS の中で最も多く、近年はインフラとしての認識も高まっています。

● 飲食店から官公庁にも活用されているサービス

　LINE では、公式アカウントや LINE @を活用することで、ユーザーに直接メッセージを届けられる他、企業によるスタンプ（イラストで感情表現するもの）を作成すれば、ユーザー同士のコミュニケーションで使用してもらえるという特徴があります（図9）。

　"友だち"や企業が投稿した近況やお知らせなどを閲覧できる「タイムライン」機能の他、LINE には個別に直接やりとりできる「トーク」機能が存在します。タイムラインには、テキストはもちろん、画像や動画、位置情報、URLなどを投稿でき、タイムラインに流れてきた情報をトークでシェアするといった使い方も可能です。2015年にはライブ動画が配信できる「LINE LIVE」というサービスもスタートしました。

　この他にも飲食店から官公庁まで様々な業種で活用されている LINE@や LINE ビジネスコネクトなど、個人と企業をつなぐサービスが充実してきているため、今後のビジネスでの利用にも注目が集まっています。

　公式アカウントは開設費用や配信費用が必要です。また、ビジネスコネクトではパートナー企業を通じて開発する必要がありますので、多くの企業では初期費用がかからないLINE@から始めています。価格については、最新の媒体資料がHPに公開されているのでチェックすることをおすすめします。

図9 LINEの特徴

	LINE
国内ユーザー数	約**7,100**万人
コンテンツの種類	・テキスト ・画像 ・動画 ・リンク ・LIVE LIVEでLIVE配信可能
特　徴	・トークとタイムラインの2つがある 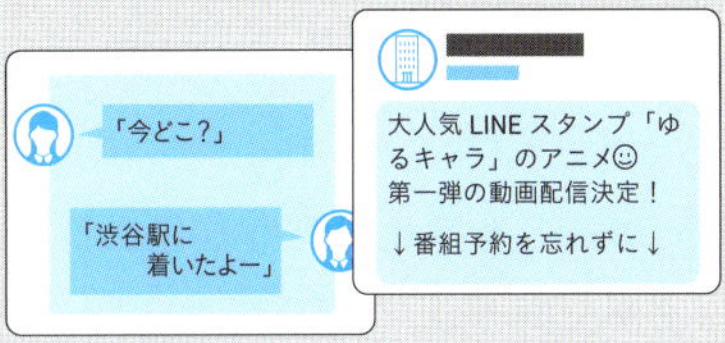 「今どこ？」 「渋谷駅に着いたよー」 大人気 LINE スタンプ「ゆるキャラ☺」のアニメ☺第一弾の動画配信決定！ ↓番組予約を忘れずに↓ ・スタンプが豊富 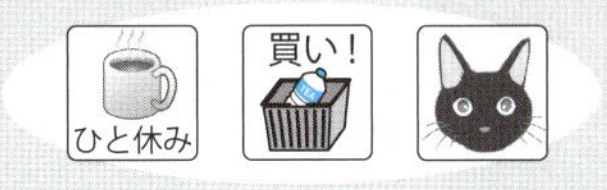 ひと休み　買い！ ・モバイルでのアクティブユーザーが多い 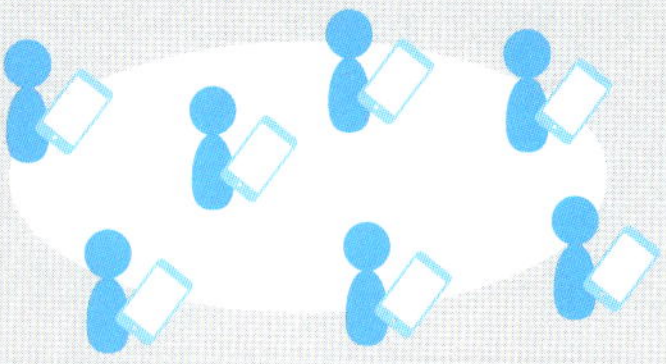

国内ユーザー数は、LINE社による公開資料を参照
URL https://scdn.line-apps.com/stf/linecorp/ja/ir/all/17Q3EarningReleases_JP.pdf

> CHAPTER 1　基本知識と目標設定

No.
09

［ペルソナ］

情報を届けたいのは、どこの誰？

　マーケティングを進める上では、ターゲットの他にペルソナの設定も重要だといわれています。それは、SNSマーケティングにおいても例外ではありません。ペルソナとは、ターゲットをより具体化した「自社の商品・サービスにとって最も重要で象徴的なお客さま像」のことです。**年齢や性別、職業や居住地に加え、趣味嗜好や行動パターン、SNSをどのように利用しているかなどの項目を、実在する人物のように事細かに設定します**（図10）。

● ターゲットを詳しく決めるのはなぜ？

　なぜターゲットを詳しく決める必要があるのだと思いますか？

　例えば、あなたがよく知る友人をターゲットにコンテンツを考える場合、その友人が好きな話題はもちろん、どのようなテーマでどのような文言を使えば興味をひくことができるかがわかるでしょう。

　しかし、20代男性という名前も顔も知らない不特定多数の人に向けたコンテンツをつくろうと思っても、1人ひとりの興味の対象や興味をひく文言は異なるため、最終的にどのようなコンテンツにすればよいのか迷ってしまいます。幅広いターゲットであるほど、結果的に誰に向けたコンテンツなのかよくわからないものになってしまうのです。

　ペルソナは、制作しているコンテンツが本当に相手の興味をひくものなのかどうかの判断基準になるのです。複数のスタッフがSNSアカウント運用に関わる場合、ペルソナがあれば共通の判断基準を持つことができます。設定すべき項目は、商品やサービスによって異なりますが、購入の意思決定に関わりそうな項目はすべて決めましょう。

048

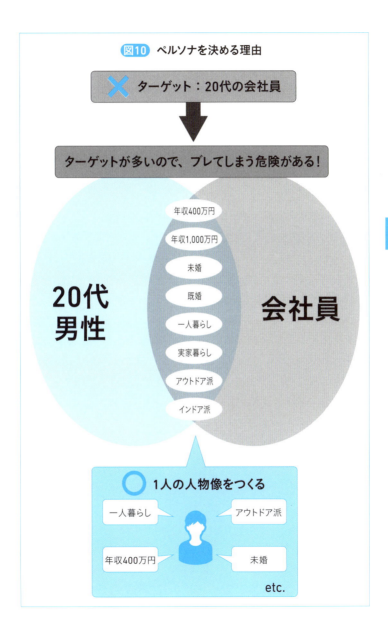

> CHAPTER 1　基本知識と目標設定

● リアルな人物像を描こう

　ペルソナ設定をする時の注意点があります。

　それは、**自社にとって都合のいい理想を描かないようにすること**です。これを無視すると現実離れしたお客さま像になってしまい、誰にも共感を得られない情報を発信し続けることになってしまいます。

　ペルソナは、特に次の3つの情報を分析しながら、できるだけリアリティのある人物像を描くようにしましょう。

① 実際に自社の商品・サービスを利用している顧客

　実際に自社の商品・サービスを利用している顧客を調査する時は、インタビューやアンケートなどを行い、ペルソナに設定したい項目を中心に生活パターンや行動理由などを質問します。

② 自社サイトを訪問しているユーザー

　自社サイトを訪問しているユーザーについては、Googleアナリティクスなどのアクセス解析ツールで知ることができます。ユーザーの年代や興味を持っている分野の他、アクセス数の多い曜日や時間帯からユーザーの生活パターンを予想することも可能です。

③ 一般公開されている調査データ

　一般公開されている調査データはインターネット上に豊富に存在するため、自社が提供している商品・サービスやカテゴリー、業界に関連するものなどを検索してみましょう。

　特に調査結果が属性別にまとめられているものは、実態に近いお客さま像の参考になります。

　情報が集まったら、ユーザーの傾向をまとめます。そして、浮かび上がったユーザー像の輪郭に細かな情報をつけ加えていき、最終的に図11のように具体的な人物に落とし込めれば、ペルソナ設定は完了です。

050

図11 ペルソナ設定例

プロフィール：**有村 美咲**
- 年齢　　：31歳
- 居住地　：神奈川県
- 性別　　：女性
- 家族構成：夫と二人暮らし
- 職業　　：大手IT関連会社 営業職

人物のエピソード

週末は、夫と買い物に出かけることが多い。平日の夜は、夫婦それぞれITや営業に関するセミナーに参加しており、スキルアップやキャリア志向が高い。ファッションはシンプルで機能的なものを選ぶが、トレンドはおさえたいと考えている。学生時代の友人や会社の同僚と一緒に毎月1回ほど食事をする。友人の誘いで始めたヨガにはまり、健康に気を使い始める。自分のアクティビティをSNSに投稿するのが日課。

よく見るメディア
（アプリやデバイスも含む）

プライベートでは、Instagram、クックパッド、LINE、ファッション系アプリ。
Facebookに投稿することはまれだが、接触頻度は高め（同僚とつながっているので、チェックすることが多い）。仕事では、日経電子版。

よく行く場所

平日は渋谷、六本木、銀座などセミナー会場の周辺のカフェ。
週末は自宅に近い自由が丘と二子玉川。

ある休日の行動シナリオ

時間	主な行動
6：30	起床
8：00	友人と朝ヨガに参加
9：00	夫とクックパッドで見つけたレシピで朝食を一緒につくる
12：00	録画していたドラマをチェック
15：00	夕食の準備と買い物
19：00	友人を招いて食事
22：00	SNSにこの日の出来事をまとめて投稿
24：00	就寝

ペルソナを決めておくと、投稿内容や広告を改善しやすい

> CHAPTER 1　基本知識と目標設定

No.

10

［運用ポリシー・運用マニュアル］

いざという時に役立つ共有資料のつくり方

　SNSアカウントの運用を始める前に、**安定的に運用を続けていくための運用ポリシーと運用マニュアルを作成しておく必要があります。**

● 運用ポリシーを作成する

　運用ポリシーは、一般ユーザーに向けてSNS上で発信していく目的やコンテンツについての行動指針を指します。

　運用ポリシーを決めておくと、公式アカウントを運用するスタッフ間で、SNSを活用する共通の「目的意識」を持つことができます（図12）。逆に、共通の目的意識のないチームであれば、どのようなことが起こると思いますか？ 基準がないため、コンテンツづくりやキャンペーンの計画だけで終わってしまったり、業務上のミスコミュニケーションを生んでしまったりなど様々な問題が生じてしまうことが想像できると思います。

　注意していただきたいのは、企業の行動指針であり、従業員に課すルールやノルマのように強制するものではない点です。ファンやユーザーとの円滑なコミュニケーションを図るための「姿勢」だと考えてください。

　具体例を紹介すると、日本コカ・コーラでは、「ソーシャルメディアの利用に関する行動指針」を定めており、「従業員一人一人が企業の魅力や価値を正しく伝えるための役割がある」と書かれています（図13）。SNS担当者をはじめとした全社員や会社関係者のSNSに対する共通認識の強化や、自社アカウントに対するユーザーの信頼度の向上を図っていることが伝わってきます。

052

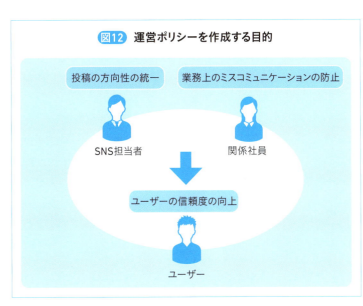

図12 運営ポリシーを作成する目的

図13 日本コカ・コーラの運営ポリシー例

出典：日本コカ・コーラ株式会社ホームページ
URL http://www.cocacola.co.jp/company-information/social-media-guidelines2

> CHAPTER 1　基本知識と目標設定

● 運用マニュアルを作成する

運用ポリシーが対外的に示した行動指針だったのに対し、運用マニュアルは関係者がSNSアカウントを運用する際に必要な内部ルールだと考えるとわかりやすいでしょう。

例えば、平日の10〜17時まで運用する、1日の投稿数は1本から2本まで、といったように作業を明確にしておきます。SNSの運用担当者はSNS以外の業務を兼務していることもあります。そうした中で、ルールを決めずに運用していると、無理なスケジュールや休日対応といった不安定な運用をすることになってしまいます。

図14を参考に、SNSアカウントの運用に必要な内容を図でまとめて、オリジナルのマニュアルをつくってみましょう。

● 運用マニュアルをより活用するために

せっかく人気アカウントになっても、担当者の異動や退職で公式アカウントの運用がストップしてしまうこともあります。それまで築きあげてきたアカウントを閉鎖すると、ファンやフォロワーにネガティブな印象を与えかねません。関係部署と協議しながら運用マニュアルを決めていきましょう。

なお、マニュアルには作業だけでなく、図15のように、ミーティングはどのくらいの頻度で行い、何を話し合うのか、原稿はいつ作成するのかなどの業務の流れをフロー図に落とし込むとスケジュールを進行しやすいのでおすすめです。

また、炎上などのトラブルを想定した対応方針も運用マニュアルとして定めておくと、いざという時に役立ちます（CHAPTER6参照）。「第三者の権利を侵害するようなコメントがあった場合は削除、あるいは法的措置をとる」などと、明記している企業もあります。様々な事態を想定した上で、運用マニュアルを作成しましょう。

図14 運用マニュアル例

投稿頻度	原則として、タイムライン投稿は平日のみ、1日2回の投稿とする
投稿実施時間	10:00〜17:00（月〜金曜日）※投稿内容によっては左記時間以外も検討
タイムライン投稿原稿作成フロー	・タイムラインに投稿する原稿は、社内で共有した内容をもとに○○さんが原稿の作成・投稿を行う ・投稿内容の最終確認は○○さんが行い、承認を得た原稿のみ投稿を行う ・タイムライン投稿後、投稿内容に万が一問題があった時には○○さんへ相談ののち、文章の訂正もしくは、削除、訂正原稿の投稿を行う ※投稿した写真を変更することはできない（投稿自体の削除は可能）
写真投稿方法について	・画像の形式は、JPG、PNG、GIF、TIFF形式 ・公序良俗に反するもの、該当Facebookページに関係ない第三者が特定できるものは使用しない
リンクつき投稿について	・リンクつきの投稿を行う場合は、事前にリンク先、投稿の際に表示されるサムネイルについて確認する ※リンク先のページによっては、Facebookの仕様上、サムネイルを表示できない場合もある（Flashサイトなどの場合）
動画投稿方法について	・動画の形式はMP4形式を推奨 ・公序良俗に反するもの、該当Facebookページに関係ない第三者が特定できるものは使用しない

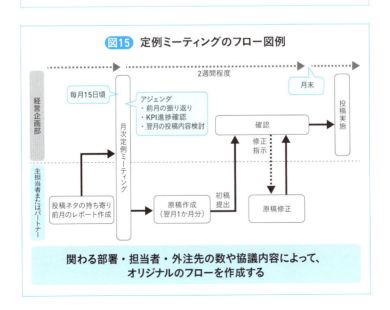

図15 定例ミーティングのフロー図例

関わる部署・担当者・外注先の数や協議内容によって、オリジナルのフローを作成する

> CHAPTER 1　基本知識と目標設定

COLUMN　SNSで売上アップ！？

　SNSでのコミュニケーションが奏功し、大きな売上につながる事例も出てきました。

　ここでは、お茶やお茶を使ったスイーツなどの製造・販売を行う京都発の企業「伊藤久右衛門」と、暮らしの雑貨を中心にインターネット上で販売を行う「北欧、暮らしの道具店」の2つの事例をご紹介します。

●メッセージ1つで50万円を売り上げた抹茶スイーツ

　伊藤久右衛門は、ECでは抹茶のスイーツを中心に販売しており、2015年からはLINE@を運用し、ECへの送客の動線をつくっています。

　LINE@はLINEが提供している事業者向けのサービスで、友だちになったユーザーにメッセージを一括配信したり、通常のLINEのトークのようにユーザーと企業が一対一のコミュニケーションを行ったりすることができるというものです。

　伊藤久右衛門はLINE@上のコミュニケーションで、「たった今、TVで紹介されています！」といったタイムリーなメッセージを送ったり、1枚の画像に収めたマンガでキャンペーン内容をわかりやすく説明したりと、掲載するテキストや画像を工夫しています（図16）。

　こういった様々な企画を発信することで、ECzineの記事「年間経由売上、驚きの●×△■円！伊藤久右衛門のLINE@活用術」によると、1回のメッセージ配信で最高50万円を売り上げるという実績を残しています。

056

●おしゃれな世界観を発信し、売上を向上した暮らしの雑貨

一方の「北欧、暮らしの道具店」は、2018年1月時点でInstagramのフォロワーが65万人以上で、Instagram経由でECサイトに誘導し、売上にも貢献しているとのことです。

Instagram開始当初からおしゃれな世界観と役立つコンテンツの発信でファンを増やし続けています（図16）。

開始1年でフォロワーは15万人になり、すでにInstagram経由での売上実績があったそうです。

現在はSNSのみならずECサイトも1つのメディアとして充実させながら、事業を成長させ続けています。

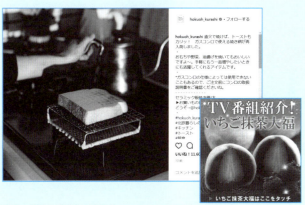

図16 北欧、暮らしの道具店のInstagram投稿と伊藤久右衛門のキャンペーン画像

出典：北欧、暮らしの道具店のInstagramページ
URL https://www.instagram.com/p/BeQAfMggovc/
出典：ECzine「年間経由売上、驚きの●×△■円！伊藤久右衛門のLINE@活用術」
URL https://eczine.jp/article/detail/4434?p=3

> CHAPTER 1　基本知識と目標設定

COLUMN　SNSの登場と主な出来事

※アメリカでは、Facebook は 2004 年、Twitter は 2006 年にスタートしています。

2004 年 3 月 mixi 開始	**2004 年 3 月** 国内発のSNSの mixiがスタート	国内の SNS がスタート。日記やコミュニティなど、ユーザー同士のコミュニケーションが盛り上がり急速に普及しました
2004 年 9 月 アメーバブログ 開始	**2004 年 9 月** アメーバブログ 開始	一般人から有名人まで多数のユーザーが利用し、話題に。読者数やPV数の多いブロガーも多数登場しました
2007 年 6 月 YouTube の 日語版開始	**2006 年 12 月** Person of The Year「You」	アメリカの経済誌『TIME』で、その年に最も活躍した人を決める「Person of The Year」に「You（あなた）」が選ばれ、情報発信が生活者のものであることが紹介されました
2008 年 4 月 Twitter の 日本語版開始	**2008 年 6 月** iPhone 3G 国内発売	国内でも iPhone をはじめ、スマートデバイスが登場し始めたことも SNS の普及に拍車をかけました
2008 年 5 月 Facebook の 日本語版開始		
2010 年 10 月 Instagram 開始	**2011 年 6 月** LINE が登場	幅広い世代で支持され、LINE スタンプや LINE ゲームなどが流行しました
2011 年 6 月 LINE 開始	**2013 年 6 月** UUUMなどのインフルエンサーマーケティングの企業登場	YouTube で活躍するクリエイターのキャスティングやプロモーションが流行しました
	2017 年 流行語 「インスタ映え」	2017 年の新語・流行語大賞に、「インスタ映え」が選ばれたことは、記憶に新しいです

●：主なSNSがスタートした日　★：象徴的な出来事

〈参考文献〉
・一般社団法人日本ネットワークインフォメーションセンター（https://www.nic.ad.jp/timeline/）
・株式会社サイバーエージェントホームページ（https://www.cyberagent.co.jp/corporate/history/）
・株式会社インプレス「YouTube が日本語版サービスを開始、10 カ国に対応」
　　　　　　　　　　（https://internet.watch.impress.co.jp/cda/news/2007/06/19/16089.html）
・MarkeZine「『mixi との違いは実名でのつながり』―Facebook 日本版がスタート」
　　　　　　　　　　　　　　　　　　　　　　　　（https://markezine.jp/article/detail/3699）
・Apple ホームページ（https://www.apple.com/jp/newsroom/2008/06/09Softbank-and-Apple-to-
　　　　　　　　　　　　　Bring-iPhone-3G-to-Japan-on-July-11/）
・米経済誌「TIME」に「You」が選出。Person of The Year
　　　　（http://content.time.com/time/magazine/article/0,9171,1570810,00.html）
・自由国民社『現代用語の基礎知識』選 ユーキャン新語・流行語大賞 第 34 回 2017 年 受賞語」
　　　　　　　　　　（http://singo.jiyu.co.jp/award/award2017.html#prize01）
・UUUM（ウーム）株式会社ホームページ（https://www.uuum.co.jp/company）
・LINE 株式会社（https://linecorp.com/ja/company/history）
・Instagram ホームページ（https://instagram-press.com/our-story/）

CHAPTER

2

つながりを生む
コンテンツのつくり方

01　言いたいことを書くな!? SNSはデートの会話と同じ

02　ファンを満足させる投稿は複数のペルソナでつくる

03　時にはチャレンジ投稿でバズらせる

04　その投稿、本当にファンの目に届いていますか?

05　最高のコンテンツに共通する5大要素

06　知っていれば避けられる! 失敗コンテンツのパターン

07　検索ユーザーを逃すな! ハッシュタグの選び方

08　より多くの人にコンテンツを見てもらう3つの方法

09　低予算でも爆発的な宣伝ができる

10　テキストよりも動画のほうが見られる時代

> CHAPTER 2 　つながりを生むコンテンツのつくり方

No.

01

［エンゲージメント率を上げる投稿］

言いたいことを書くな!?
SNSはデートの会話と同じ

　突然ですが、あなたは好きな相手とデートをする時、どんな会話をしていますか？ 自分の魅力をアピールしすぎると、相手はうんざりしてしまいます。普通は、その場を盛り上げたり、相手を喜ばせたりする会話をする人が好かれます。

　この考え方はSNS上のコミュニケーションにもあてはまります。企業情報よりも、ユーザーに喜んでもらえるようなコンテンツ（エンゲージメント率の高いコンテンツ）を発信し続けることがファンづくりには大切なのです。

● ユーザーが喜ぶ投稿とは？

　相手を喜ばせる投稿について、具体的に考えてみましょう。自動車業界の3か月間の平均エンゲージメント率が最も高かった企業は、SUBARUでした（図1）。同調査期間で、ユーザーの共感度を示すエンゲージメント率の高かった投稿例（図2）を見てください。

　一般的に、新モデルの発表やモーターショーなど、多くの人が注目するコンテンツでエンゲージメント率が高くなる傾向があります。

　しかし、図2の車で使われている表示灯・警告灯を紹介した投稿も同社の平均値と比較して高いエンゲージメント率を誇っています。ただ安全運転を呼びかけるだけでなく、SUBARUファンにとってなじみのある投稿内容に思わず反応した方も多いでしょう。

　企業の商品紹介をしていくことは大切ですが、SNSの特性を理解しなくてはいけません。ファンにとって親しみを持ってもらえるような投稿も盛り込みながら情報発信していきましょう。

060

図1 自動車業界のFacebookページ人気ランキング

ランク	企業名	ファン数	「いいね!」数	コメント数	シェア数	エンゲージメント率
1	SUBARU	360,645	4,904	63.1	198.3	1.4%
2	マツダ	424,231	4,181	41.6	132.4	1.0%
3	本田技研工業	269,214	1,915	22.3	99.2	0.8%
4	アウディジャパン	372,433	2,013	7.7	35.5	0.6%
5	トヨタ自動車	481,805	1,615	19.8	130.3	0.4%

計算式

エンゲージメント率=(「いいね!」数+コメント数+シェア数)÷ファン数

※表の「いいね!」数、コメント数、シェア数は、1投稿あたりの平均値です

※ファン数 50万〜100万人　※調査期間 2017年9月1日〜11月30日

図2 SUBARUの人気Facebook投稿

普段から目にするものを投稿すると、多くの人から反応をもらいやすい

出典:株式会社SUBARUのFacebookページ
URL https://www.facebook.com/195853677152973/posts/1644671725604487

> CHAPTER 2　つながりを生むコンテンツのつくり方

No.
02

［コンテンツ内容 ①］

ファンを満足させる投稿は 複数のペルソナでつくる

　コンテンツをCHAPTER 1で設定したペルソナに沿って考えていきましょう。コンテンツの内容は、ペルソナの趣味嗜好や自社のサイトを見にくる目的によって変える必要があります。

◉ ペルソナは1人ではない

　ペルソナは1人に絞る必要はありません。

　例えば、皆さんがパーソナルトレーニングジムのSNS運用担当者だったとします。単に「お客さま」といっても、性別も違えば、ジムに通う目的や理想とする体型も人それぞれのはずです。

　このように複数のペルソナが存在する場合、ユーザーごとに効果的なメッセージは違います。企業の商品・サービスによっては、ペルソナを複数設定しておくと効果的です。なぜなら、ペルソナごとにSNSの発信ができるので、反応率の維持やファンの離脱率を低下させ、ファン全体のエンゲージメントを高める効果があるからです。

　図3は、5人のペルソナを作成し、それぞれが目標とする体型に応じた体づくりに関するコンテンツをまとめたものです。すべてのペルソナにふさわしいコンテンツだけではなく、ペルソナAのみ、Cのみといった個別のコンテンツも企画できます。

　このように、ペルソナを複数設定しておくと、ある程度の属性ごとに配信することができます。配信する前に、自社の商品・サービスに合ったペルソナを洗い出しておいてください。そして、ペルソナを考えた後は、どんな内容だったら相手に響くのかを考えて、テーマの選定や言葉選びをしましょう。

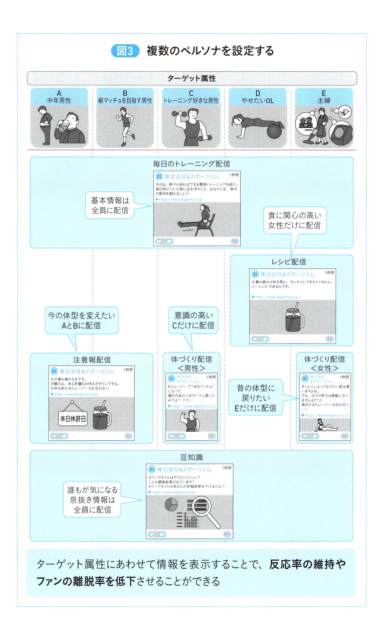

> CHAPTER 2　つながりを生むコンテンツのつくり方

No.
03

［コンテンツ内容 ②］
時にはチャレンジ投稿で
バズらせる

　コンテンツは、ペルソナに沿って考えることが基本にはなりますが、それだけだと似たようなコンテンツばかりになってしまい、コンテンツの幅が広がりません。そこで、**時にはチャレンジングな投稿も行ってみる**ことをおすすめします。

◉ 思い切った投稿が新規ファンにリーチする

　中部国際空港セントレアのFacebookページでは、日本で開催されるF1レースに向けて、飛行機でF1マシンなどの機材が運ばれてきた様子をライブ配信しました（図4）。

　中部国際空港セントレアのファンには飛行機や空港好きの人が多いと予想されますが、このライブ配信では、F1や鈴鹿サーキットのファンなど、普段はリーチしなかった人たちからのコメントも多く寄せられ、話題になりました。

　これは、空港や飛行機に関連する投稿をメインに見てきたファンをいい意味で裏切る発想ですし、これまでファンではなかった人たちにセントレアを好きになってもらうためのよいきっかけにもなっています。

　また、各SNSでまだ使ったことがない機能があれば、使ってみるというのも1つの手です。例えばFacebookの縦型動画やTwitterのアンケート機能など、SNSには様々な機能（図5）が実装されていますが、まだまだ活用できている企業は多くありません。

　月に3回は新しいことにチャレンジするなどと決めて、積極的に考えるようにしてみましょう。

図4 中部国際空港セントレアのチャレンジFacebook投稿

F1や鈴鹿サーキットのファンからのコメント

出典：中部国際空港セントレアのFacebookページ
URL https://www.facebook.com/178122082252527/posts/1599756273422427

図5 スマートフォンでのFacebookページ投稿の主な機能

機　　能	Point
カメラ	複数枚対応
ライブ動画	リアルタイムで配信できる
チェックイン	自分がいる場所やお店を知らせる
クーポン・割引	QRコードつきのクーポン券を発行できる
アンケート	気軽にユーザーの意見を聞ける

テキスト以外にも、最近ではライブ動画やアンケートなどが投稿できるようになった。定期的に投稿機能をチェックしよう

> CHAPTER 2　つながりを生むコンテンツのつくり方

No.

04

[アルゴリズム]

その投稿、本当にファンの目に届いていますか？

　SNSのニュースフィードは、多く交流している友達や企業の投稿、興味のある記事が優先的に表示される仕組みがあり、すべての投稿がファンに届いているとは限りません。このように情報をある基準によって最適化する仕組みを「アルゴリズム」といいます。アルゴリズムに関する詳しい算出方法はSNS各社から公開されていませんが、リーチやインプレッションなどのKPIに大きく影響する重要な要素です。ここではFacebook、Twitter、Instagram、LINEのアルゴリズムについて知っておきましょう。

● Facebookの表示アルゴリズム

　2018年1月時点の最新の情報をもとにまとめたアルゴリズムが図6です。皆さんのページが日頃からどれだけ多くの人から「いいね！」やコメントをもらえたのか、どれだけ多くの時間を費やしてくれたのかなどの要素があることがわかります。

　また、ユーザーは、企業や友達の投稿を非表示にしたり、スパム報告したりすることも可能です。このようなネガティブな反応をされると、表示される優先度が下がってしまいます。

　また、2018年1月には、企業の投稿より、家族や友人の投稿がFacebookページで表示されやすくなることが発表されました。ただし、これもアルゴリズムの1つの要素であり、エンゲージメント（「いいね！」やコメントなど）が高いページであれば、リーチを維持できることもわかっています。アルゴリズムを理解することで、よりよい運用を目指していきましょう。

図6 Facebookのアルゴリズムの代表的な10の要素

親密さ	「いいね！」やコメントをした、プロフィールを閲覧した、タグづけした、タグづけされたなど日頃から多く反応があると表示されやすい
投稿の重み	ある投稿が、どれだけ多くの人から「いいね！」やコメントを獲得したかなどをあらわす。また、「いいね！」よりもコメントのほうが表示されやすい
投稿のタイプ	画像や動画、URL、LIVEなど全投稿タイプのうち、どれが多くの「いいね！」やクリックをされているか。企業によって異なるが、動画やLIVEは高いエンゲージメントを得やすい
経過時間	新しい投稿ほど優先的に表示される。ただし、「いいね！」やコメントに応じて、古い投稿も再度表示される→Story Bumping
コンテンツの閲覧時間	ある投稿が閲覧された時間 （長く閲覧されたほうが表示されやすくなる）
ネガティブフィードバック	ページの特定の投稿を隠す、投稿をスパムとして報告するといった表示されなくなる行為をされると優先度が下がる
Story Bumping	時間が経っていても、「いいね！」やコメントがつくと優先度が上がる
Last Actor	直近で友達になったアカウント、「いいね！」やコメントした友達やページの投稿を優先的に上位に表示される。直近50件のアクティビティが対象
Friend & Family Come First	友達、家族の投稿は、企業よりも優先的に表示されやすい
Authentic Communication	主に、ニュース記事などを配信するメディアのFacebookページで、悪質な"釣り"タイトル投稿は表示されにくい（タイトルと記事内容に乖離がある、誤解を生むなど）

出典：Facebookのニュースフィードの最新情報ページをもとに作成
URL https://developers.facebook.com/videos/f8-2017/whats-new-with-news-feed/

> CHAPTER 2　つながりを生むコンテンツのつくり方

● Twitterの表示アルゴリズム

　タイムラインには、**ツイートが時系列で表示されます**。ただし、ユーザーの設定で重要なツイートを優先的に表示させることも可能です（図7の❶）。また、見逃した可能性のあるツイートは、「ハイライト」の設定でログイン時に表示させることも可能です（図7の❷）。

　Twitter社によると、重要なツイートは「過去に返信、リツイート、『いいね』などで反応したツイートやそのアカウントを考慮して選ばれる」そうです。さらに、フォローしていないアカウントも、表示されることがあります。人気の高いツイートやフォロワーが反応しているツイートなど関連性が高いと判断された場合です。

　このことから多くの人に投稿を見てほしい場合、多くの「いいね」やリツイートといった反応を得る必要があることがわかります。

● Instagramの表示アルゴリズム

　かつては時系列で投稿が表示されていましたが、2016年3月よりアルゴリズムが導入され、より関連性の高い投稿が優先的に表示されるようになりました（図8）。Instagramの広報は、次のことをアルゴリズムに関わる要素の一部として挙げています。

- 投稿者との関係（コメントする頻度などにより判断）
- 投稿されたタイミング（タイムリーな範囲で表示）
- 「いいね！」とコメントの獲得数
- シェア（写真をシェアしたアカウントには興味ありと判断）
- プロフィール検索（検索したアカウントには興味ありと判断）

　加えて、24時間だけ投稿が表示されるストーリーズが登場したので、この投稿の閲覧数なども考慮されていると考えてよいでしょう。

図7 Twitterのアルゴリズム

タイムラインの表示順序設定画面

❶

「ハイライト」の設定をしたタイムライン画面

❷

- **デフォルトの設定**
  重要な新着ツイートとご不在中のできごとがタイムラインのトップに表示される。

- **「重要な新着ツイートをトップに表示」と「ハイライト」機能をオフに設定**
  すべてのツイートが新しい順でタイムラインに表示される。

重要なツイートは、過去に返信、リツイート、「いいね」など、反応したツイートやそのアカウントを考慮して選ばれる

出典：Twitter社のホームページ
URL https://support.twitter.com/articles/229617#settings

> CHAPTER 2　つながりを生むコンテンツのつくり方

◉ LINE について

　近い将来、LINE にも企業の公式アカウントの質を評価する指標「エンゲージメントランク（仮称）」が導入される予定です。エンゲージメントランクとは、アカウントの支持率を示すものです。「友だち」数の増加の推移やブロック率、LINE 上のタイムラインへの投稿につけられた「いいね！」の数などから算出されます。エンゲージメントランクが導入されたら、LINE 公式アカウントの一覧ページにおける表示順や、友だち一覧ページのおすすめアカウントへの表示などが変わるといわれています。

　つまり、エンゲージメントランクで高い評価を得ることができれば、LINE 利用者の目に触れやすくなるので、「友だち」登録者数の伸びなどが期待できるようになるということです。

　各 SNS によって、細かいルールは異なりますが、ユーザーが望ましいと思うコンテンツであることが大切です。

◉ できるだけ多くの人にコンテンツを届けるために

　SNS 各社には、「エンゲージメントを得ているか」「プロフィールを見たか」「滞在時間は長いか」「ネガティブな反応はされていないか」といったように、それぞれ独自のアルゴリズムが存在します。

　しかし、どの SNS にも共通しているのは「ファンにとって本当に有益な情報であるか」という視点で最適化されていることです。言い換えれば、ユーザーが興味を持てない情報は、ユーザーに流し見されるどころか、表示さえされていないこともあるのです。

　このことからも、SNS では企業が一方的に伝えたい情報だけではなく、ファンが喜んでくれるコンテンツを発信し続けなくてはならないことがわかるでしょう。

　それでは、具体的なコンテンツの内容を次の項目から紹介します。

図8　Instagramのアルゴリズムの代表的な7つの要素

1. エンゲージメント
投稿がどれだけ「いいね！」やコメントを集めているか

2. 関連性
フォロワーが興味のあるジャンル
（例：旅行・グルメ・ファッション）かどうか

3. 関係性
フォロワーとコミュニケーションの頻度が多い関係か、
Facebook上でも同様か

4. 適時性
最近の投稿かどうか（例：2〜3日前の投稿<1時間以内の投稿）

5. プロフィール検索
プロフィールを頻繁にチェックするかどうか

6. ダイレクトメッセージ（DM）
DMを送った相手か、DMを送られたアカウントか

7. 消費時間
投稿を見ている時間は他の投稿に比べて長いか

タイムラインは、時系列に表示されるわけではなく、上記の要素によって表示順序が異なる

出典：Instagram公式ブログ発表をもとに作成
URL http://blog.instagram.com/post/145322772067/160602-news

> CHAPTER 2 つながりを生むコンテンツのつくり方

No.

05

［成功コンテンツの特徴］

最高のコンテンツに
共通する5大要素

これまでに大きな反響を得ているコンテンツには、次の5つの特徴があります。

① タイムリーである
② 親しみやすい
③ 共感できる
④ 役に立つ
⑤ ユーザー参加型である

これらのうち1つ以上の要素をコンテンツに盛り込めれば、ユーザーから良好な反応が期待できるコンテンツを作成することができます。では、実際の投稿例を紹介しながら解説していきます。

① タイムリーである

1つは、投稿を行うタイミング（日にちや時間、季節など）にあわせたテーマを盛り込むことです。例えば、「○○の日」といった例年大きな話題になるイベントに関連したコンテンツを作成し、当日に投稿を行う方法があります（図9）。朝の時間帯の投稿に「おはようございます」とあいさつを入れるだけでも有効です。

もう1つは、世間やSNS上で大きく話題になっていることをテーマにすることです。例えば、「プレミアムフライデー」が話題になった時に、プレミアムフライデーに関するコンテンツを投稿すれば興味を持ってもらいやすくなりますし、先ほど述べた投稿のタイミングとの合わせ技で、プレミアムフライデー当日に投稿を行えば、より大きな反響が期待できます（図10）。

図9 ANA.JapanのタイムリーなFacebook投稿

今日は海の日☆
世界に誇る日本の海です。

記念日の当日に投稿し、タイムリーである!

Point
- 記念日や年間行事をおさえる
- 「海の日」に美しい海の写真を投稿

出典：ANA.JapanのFacebookページ
URL https://www.facebook.com/143718759008710/posts/1377038542343386

図10 ザ・プレミアム・モルツのタイムリーなツイート

話題のテーマを盛り込んでいる!

Point
- 流行語や話題を取り入れる
- 流行や話題をいち早く知る

出典：ザ・プレミアム・モルツのFacebookページ
URL https://twitter.com/PremiumMalts_jp/status/936510183307710464

> CHAPTER 2　つながりを生むコンテンツのつくり方

◉② 親しみやすい

ユーザーに親しみやすさを感じてもらえるようなコンテンツは、ユーザーとの距離感を縮めるために有効です。

例えば、自社にキャラクターがあるのであれば、そのキャラクターが話しているようにコンテンツを作成してみましょう。

特に、商品での差別化が難しい業界で有効です。銀行であれば、金融商品で他社との差別化を図るのは難しいですが、三井住友銀行は自社のキャラクターであるミドすけがコンテンツを発信することで、親しみやすさという面で他社との差別化を図っています（図11）。

他にも、動物をテーマにしたコンテンツは親しみやすさを感じてもらえると同時に新たなファンを獲得する機会にもなります。

また、「こんにちは」「お疲れさまです」などのあいさつを盛り込むことも、親しみやすさを感じてもらえるちょっとしたきっかけになります。あいさつには、先ほども紹介したように、「タイムリーである」という要素も含まれます。

◉③ 共感できる

コンテンツを見たユーザーに、「嬉しい」「懐かしい」「かわいい」「すごい」といった感情を起こさせることは、「いいね！」やコメント、シェアなどのアクティブな反応につながります。

例えば、トンボ鉛筆の公式アカウントでは、1975年に発売された油性マーカーの「かくべえ」を紹介する投稿を行い、「懐かしい！」「幼い頃に近所にあった文房具屋さんを思い出した」などといった共感のコメントが寄せられています（図12）。

このようにユーザーやファンの共感を生み出すためには、**読者が感情表現（かわいい、懐かしい、感動する、驚く）しやすい要素を含む**ように心がけることが大切です。

図11 三井住友銀行の親しみやすいツイート

自社のキャラクターの口調で親しみやすい

Point
- キャラクターはユーザーに親近感を持ってもらいやすい
- 猫や犬などの動物も「いいね！」やコメントをもらいやすい

出典：三井住友銀行公式(ミドすけ)のTwitterページ
URL https://twitter.com/smbc_midosuke/status/869750298704662528

図12 トンボ鉛筆の共感できるFacebook投稿

懐かしい商品をテーマにしているので、共感できる！

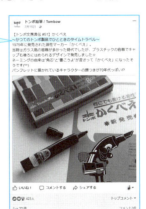

Point
- ひと世代前のブランドロゴやパッケージの紹介も効果的
- 製品ができるまでの過程（制作過程や工場見学など）も効果的

出典：トンボ鉛筆 / TombowのFacebookページ
URL https://www.facebook.com/tombow.jp/photos/a.246219245416224.58625.234000629971419/1525781570793312/?type=3&theater

> CHAPTER 2　つながりを生むコンテンツのつくり方

④ 役に立つ

　商品やブランドにまつわるちょっとした豆知識も、有意義な情報としてユーザーに受け入れられやすく、シェアされやすいため、ファンの離脱防止や新たなファンの獲得に有効です。

　例えば、「日産自動車株式会社」のTwitterページが冬に投稿したコンテンツ（図13）では、冬は猫が暖をとるために車のエンジンルームやタイヤの隙間に入り込むことがあるとして、事故を防ぐ方法を紹介したところ、とても大きな反響が得られました。この例は豆知識というだけでなく、冬という季節のタイムリーさや動物の話題に対する親しみやすさ、「事故が起きてしまったら悲しい」といった共感にもつながっています。

⑤ ユーザー参加型である

　ユーザーが気軽に回答できる問いかけで、ユーザーに企画への参加体験を通して楽しんでもらうことができます。

　例えば、「キリンラガービール」のFacebookページは、夏のお盆休み直前の夕方に2品の中華料理を挙げ、「ラガービールと一緒に食べたいのはどっち？」と問いかけるコンテンツを投稿しました（図14）。2択になっていることで答えやすく、内容もお盆に集まった大勢の親戚で食べやすい中華料理としたことで、タイムリーさもあります。最終的には700を超えるコメントを集め、大きな成果を残しました。

　その他、空欄のある文を投稿し、その空欄に何が入るかをユーザーに問いかける大喜利なども、反響の大きいコンテンツの1つです。

　ただしFacebookでは外部の記事に誘導する場合、実際よりも有利な内容に見せるようなタイトルにすると、アルゴリズムによって表示されにくくなります。意図的に重要な情報を知らせないようにしたり、記事の内容を誇張したりするのはやめましょう。

076

図13 日産自動車株式会社の役に立つツイート

役に立つ情報なので拡散したくなる！

Point
- 自動車にまつわる豆知識を投稿
- 友達やフォロワーに知らせたくなる情報

出典：日産自動車株式会社のTwitterページ
URL https://twitter.com/NissanJP/status/667265162420686848

図14 キリンラガービールのユーザー参加型のFacebook投稿

問いかけは参加して楽しめる！

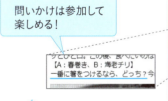

Point
- ファンがコメントや「いいね！」をしやすい2択にする
- リンク先の内容と違う文章、誇張表現はアルゴリズムに悪影響を与えかねない

出典：キリンラガービールのFacebookページ
URL https://www.facebook.com/lager.jp/photos/
　　 a.178446168941864.37903.131861646933650/1038663586253447/

> CHAPTER 2　つながりを生むコンテンツのつくり方

No.
06
［失敗コンテンツの特徴］

知っていれば避けられる！
失敗コンテンツのパターン

コンテンツ作成においては、ほんの少しの失敗がユーザーの反響の大小に影響してしまうこともあります。

● 答えにくい問いかけ

参加型のコンテンツはユーザーの人気を獲得しやすいのですが、答えやすい質問にしないと失敗に終わってしまいます。

よく見かけるNG問いかけ例とその理由を説明します（図15）。

- 「海外旅行の定番の土産といえば？」といった質問
  ⇒すぐには連想しにくい
- 「初恋の思い出を教えてください」という質問
  ⇒他人にはあまり知られたくない
- 「月の陰暦名称を1月からすべて答えられますか？」という質問
  ⇒少ない文字数に収まりきらないような回答を求めているため、ユーザーが回答に躊躇してしまう

このような質問には、「ユーザーが答えやすいかどうか」という視点が欠けています。

前項の「(5) ユーザー参加型である」で紹介したキリンラガービールのコンテンツ例のように、2択になっている問いかけならば、ユーザーは深く考えずにパッと答えることができます。ユーザー目線で答えやすい質問を意識すると、高い参加率が期待できます。問いかけ形式のコンテンツを作成する際には、必ずチェックしましょう。

図15 問いかけは「ユーザーが答えやすいかどうか」を考える

・「海外旅行の定番の土産といえば？」という質問

質問がばく然としていると
すぐには連想しにくいので、参加率が下がってしまう…

・「東京のお土産の定番といえば？」という質問

誰でもわかる具体的な場所は
パッとすぐに答えられるので、参加率が上がる！

> CHAPTER 2　つながりを生むコンテンツのつくり方

No.

07

[ハッシュタグ]

検索ユーザーを逃すな！
ハッシュタグの選び方

今やハッシュタグはユーザーの目に留めるために、欠かせないものです。ハッシュタグは、返ってくる反響の大きさやフォロワーの増え方にも影響します。

● ハッシュタグは人気度で使い分ける

図16は、投稿数によってハッシュタグを4つに分類し、そのハッシュタグをつけた100の投稿における「いいね！」数の平均とフォロワー数の平均を調査した結果です。

投稿数が多いハッシュタグのほうが、「いいね！」数やフォロワー数が多いことがわかります。つまり、ハッシュタグの投稿数が多ければ多いほど人気の高いハッシュタグだといえるのです。ちなみにハッシュタグの投稿数は、Instagramであれば投稿にあるハッシュタグのクリックや、検索窓へのハッシュタグの入力で調べられます。

例として、ユニクロのInstagram公式アカウントでは、人気のあるハッシュタグを投稿に取り入れ、多くの人の目に触れるよう工夫を凝らしています（図17）。シンプルなデザインが多いため、単に商品紹介をするだけでなく、そのアイテムを取り入れたコーディネートの画像を投稿するなどしています。よく使用しているのは「#シンプルコーデ」という人気のハッシュタグです。

Instagramでは投稿数の多いハッシュタグをつけることが大切です。ただし、人気だからといって投稿した写真や動画と関連性の低いハッシュタグをつけてしまうと、ユーザーを不快な気分にさせてしまう可能性があることも覚えておきましょう。

080

図16 人気度は、ハッシュタグの投稿数に比例する

「いいね!」数平均 / フォロワー数平均

不人気ハッシュタグ：合計投稿が0件〜100,000件
人気ハッシュタグ　：合計投稿が500,001件〜1,000,000件
普通のハッシュタグ：合計投稿が100,001件〜500,000件
大人気ハッシュタグ：合計投稿が1,000,001件〜

出典：ガイアックス社の調査データをもとに作成
URL https://gaiax-socialmedialab.jp/post-47974/

図17 ユニクロのInstagram投稿

ユニクロの商品とマッチする人気ハッシュタグ

Point
- 投稿数の多いハッシュタグを使う
- ただし、写真と関連のあるハッシュタグを入れる

出典：ユニクロのInstagramページ
URL https://www.instagram.com/p/BT49OLJFK1u/

> CHAPTER 2 つながりを生むコンテンツのつくり方

● 掲載されるハッシュタグの選び方

ハッシュタグは単純に人気の高いものを選べばいいわけではありません。というのも、使用者の多いハッシュタグであるほど、「いいね！」数を多く獲得しなければ人気投稿欄に掲載されず、結果的に投稿が埋もれる傾向にあるからです。一方で、合計投稿数の少ないハッシュタグであれば、検索はされにくいですが、たとえ「いいね！」数が少なくても人気投稿欄に表示されやすいという利点もあります。

ハッシュタグの選び方は、基本は合計投稿数の多いハッシュタグを選びながら、合計投稿数は少なくても投稿内容と関連性の高いハッシュタグも選んで組み合わせるなどがおすすめです。

図18のANAの例では、「#羽田空港」「#飛行機」といった投稿数の多いハッシュタグがある一方で、「#夜景ら部」といったハッシュタグもあります。飛行機好きな方はもちろん、夜景好きのユーザーにも反響の得られやすい投稿例といえます。

Instagramで多く利用されるハッシュタグには、いくつかのパターンがあります。それを利用してハッシュタグを検索したり、新たなハッシュタグを生み出したりすることも、投稿をバズらせるきっかけになります。例えば、「#instagood」や「#instatravel」など、単語の頭に「insta」をつけたハッシュタグ。「insta」に続く単語は自由に決めても問題ありません。また、「#catgram」などのように、単語の末尾に「gram」をつけるパターンもあります。「#○○な人とつながりたい」というハッシュタグは、ユーザーが同じ趣味のユーザーを見つけてフォローし合うきっかけにもなっているため、フォロワー募集の効果もあります。「#親バカ部」「#スイーツ部」などの「#○○部」は、共通の興味・関心を持った人たちのゆるやかなコミュニティのようにもなっています。

94ページを参考に、いろいろなハッシュタグを試してみてください。

図18 ANA.Japanの人気ハッシュタグ投稿成功例

ana.japan #空港夜景 #空港デート #夜景 #夜景ら部 #羽田空港 #飛行機 #nightview #hanedaairport #airport #airplane #ana_jp #ANA旅

一風変わった人気ハッシュタグ

投稿数のとても多い王道のハッシュタグ

投稿数の多い王道ハッシュタグと一風変わったハッシュタグを組み合わせ、投稿が埋もれることを防いでいる

出典：ANA.JapanのInstagramページ
URL https://www.instagram.com/p/BaLn18ZhNvC/

> CHAPTER 2　つながりを生むコンテンツのつくり方

No.

08

［フォロワーを増やす］

より多くの人にコンテンツを見てもらう3つの方法

　作成したコンテンツをより多くの人に見てもらうために、コンテンツ発信と併行してフォロワーの数を増やすことも考えていかなければなりません。

　フォロワーを増やす手法は大きく分けて3つあります。

　1つ目は、**自社の資産でのPR**です。

　自社の資産でのPRとは、すでに自社のファンが存在している場所で、SNSアカウントを知ってもらうことです。具体的には、名刺、ノベルティ、自社のWebサイトやメールマガジン、広報誌、従業員1人ひとりによる告知など、情報を伝えることができるものは最大限活用するようにしましょう（図19）。

　2つ目は、**SNSの広告**です。

　広告は、自社のことを知らないユーザーにアプローチする時に最適です。広告についてはCHAPTER 5で詳しく説明しますが、ファンを増やすための広告や、投稿そのもののリーチ数を増やすための広告など様々なタイプがあります。

　3つ目は、**プレゼントキャンペーン**です。

　「フォロー＆リツイートした方の中から、抽選で50名様に新発売のお菓子をプレゼント」のようにフォローすることを参加条件にしたキャンペーンで、フォロワー数を大きく伸ばすことができます。

　また、キャンペーン情報を広告配信することで、参加人数の増加やそれに伴う拡散効果も期待できます。ただし、Facebookなどはファンになってもらうことを応募条件としたキャンペーンを禁止しているので、注意しましょう。

084

図19 自社の資産を使ってファンを増やす方法（チェックリスト）

自社の資産	○ × チェック
名刺での案内と掲載	
手提げ袋、封筒、 各種ノベルティ	
公式Webサイトでの SNSアカウント掲載	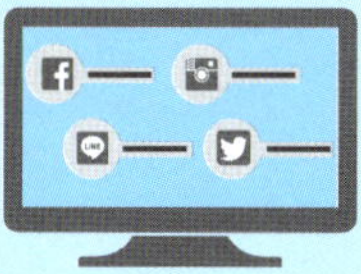
広報誌、メールマガジン でのお知らせ ユーザー　メルマガ　企業	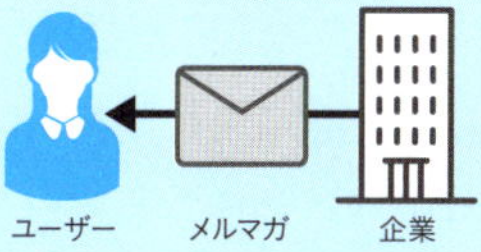
従業員による シェア、告知 シェア	

> CHAPTER 2　つながりを生むコンテンツのつくり方

No.

09

［キャンペーン企画］

低予算でも爆発的な
宣伝ができる

　多くのユーザーに自社の商品・サービスの情報を発信してもらえ
たら、低予算で大きな宣伝になると思いませんか？

　日本コカ・コーラでは、提供する炭酸飲料「ファンタ」をPRする
ための面白いキャンペーンが行われました。ペットボトルのパッ
ケージに「#いじられのプロ」「#意識エベレスト級」など、文字頭に
ハッシュタグをつけた全100種類のワードを記載したのです。する
と、「#いじられのプロ」だけでもTwitter上で約560件もの投稿があ
りました。100種類のハッシュタグがあることを考えると、キャン
ペーンが大きな反響を得ていることがわかります。ユーザーが、パッ
ケージ画像とともに「これは自分のことを指している」「友達にも
らったんだけど、どういうこと？」といった投稿をし、友人との会話
を盛り上げていった様子でした（図20）。

　**ユーザーに自発的に発信させることに成功した要因は、「自分のこと
だ」と思わせたこと**でしょう。

　また、福井県のとんかつ屋「天膳」では、店内で自撮り棒などの貸
し出しを行い、撮影するという行動をユーザーに促しています。過去
には「『唐揚げ食べ放題キャンペーン』の投稿をリツイートすれば、
キャベツとご飯が無料でお代わりできる」という企画を開催しまし
た。これは、キャンペーン自体の宣伝効果はもちろん、お代わり無料
という特典がつくことでユーザーの来店を促す効果もあります。

　このように、1人ひとりのユーザーに行動を起こさせるキャンペー
ンであれば、低予算でも成果につなげていけるのです。

086

図20 日本コカ・コーラのキャンペーンで使用されたハッシュタグ例

#いじられのプロ
#意識エベレスト級
#すっぴんプリンセス

ユーザーが共感できるワードを載せた

#パーリーピーポー
#天然ちゃん
#イケメンの無駄遣い

ユーザーが自分から発信したくなる話題をつくることが大切！

> CHAPTER 2　つながりを生むコンテンツのつくり方

No.

10

［動画］

テキストよりも動画のほうが見られる時代

　今や動画は、YouTube などの動画配信プラットフォームの専売特許ではなくなり、SNS でも配信できるようになりました。また、以前はパソコンからの視聴が主でしたが、スマートフォンから動画を視聴することが当たり前となり、SNS における動画の再生数は飛躍的に伸びています。

● テキストよりも動画のほうが伝わる？

　動画投稿をする利点は、テキストよりも一度に多くの情報を盛り込めることです。テキストで伝わりづらいものを紹介する場合にも向いているため、動画の活用でコンテンツの幅は大きく広がります。

　2015 年には、Facebook での動画の再生数が 4 月時点で 1 日 40 億回だったところ、11 月には 80 億回とわずか半年で倍増したことが発表され、大きな話題になりました。

　今では、1 つの動画が SNS 上で 2,000 万回再生されるケースも見られるようになりました。Instagram においても、図 21 を見ると、全体の 63％の人が「フィード上で動画を再生した経験がある」と回答しており、さらに 20 代では 7 割を占めていることがわかります。その点を考慮すると、動画投稿のリーチの高さがうかがえます。

　図 22 は広告についてのデータですが、媒体別に動画広告を視聴した人の反応を調査したところ、「視聴した内容を覚えている」と回答したユーザーの割合は SNS が 20.2％で、他媒体に比べて最も高い結果となりました。印象に残りやすい SNS のタイムラインに表示される動画広告を活用しない手はありません。

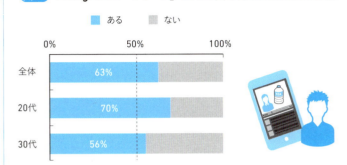

図21 Instagramの「フィード」上で動画を再生した経験の有無

- 調査対象：Instagramを「毎日閲覧する」と回答した20～30代女性500名
- 調査期間：2017年7月3日～4日

出典：トレンダーズ株式会社
URL http://www.trenders.co.jp/wordpress/corporate/wp-content/uploads/2017/07/trenders20170726-2.pdf

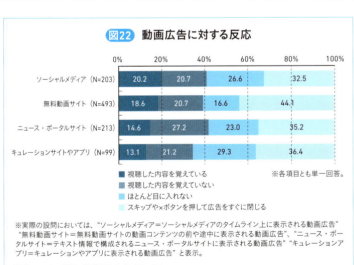

図22 動画広告に対する反応

※実際の設問においては、"ソーシャルメディア＝ソーシャルメディアのタイムライン上に表示される動画広告""無料動画サイト＝無料動画サイトの動画コンテンツの前や途中に表示される動画広告"、"ニュース・ポータルサイト＝テキスト情報で構成されるニュース・ポータルサイトに表示される動画広告""キュレーションアプリ＝キュレーションやアプリに表示される動画広告"と表示。

出典：マクロミル／デジタルインファクト
URL https://www.macromill.com/press/release/20170731.html

> CHAPTER 2　つながりを生むコンテンツのつくり方

◉ ライブ配信で一体感を生み出す

LINE LIVEやツイキャスなどをはじめ、各SNSではリアルタイム
で、動画配信可能な「ライブ機能」が次々に追加されました。

Facebookページの機能の1つであるLIVE機能を活用したXbox UK
の例があります。ある新作ゲームの発売日に、某所にゲームを隠し、
その模様をライブ中継して、最初に見つけた人へプレゼントすると
いう企画です。再生数は20万回を超え、8,000件以上の「いいね！」、
9,000件以上のコメントという大きな反響を得ました。

その他にも、ニュースメディアのアカウントであれば取材現場の
様子を、スポーツチームのアカウントであれば試合が始まる前の様
子をライブ配信し、その場にいない方でも楽しめるようになりまし
た。このように、ライブ動画は、リアルタイムで見ている人にしか味わ
えない参加感や一体感を生み出します。

2018年1月のFacebookの発表によると、ライブ動画は「ユーザー
同士のコミュニケーション」が発生しやすいとも述べていることか
ら、ニュースフィード上にもライブ動画が優先的に表示されることが予
想されます。

動画はFacebookだけではなく、TwitterやInstagramでも気軽に配
信できます。なお、通常の動画であれば、30秒以内など短い動画のほ
うが「いいね！」やコメント数も多い傾向があるといわれています
が、先ほど例に挙げたようにライブ動画では1時間以上配信するケー
スも珍しくありません。

図23のような動画やライブ配信を行うと、より多くの「いいね！」
やコメントを得やすいと考えられます。しかし、形式よりも、ユー
ザーやファンが喜んでくれるコンテンツでなければ、反響は得られま
せん。コンテンツの中身がおろそかにならないように注意しましょう。

090

図23 ユーザーから反応を得やすい動画の例

かわいい動物

美味しそうな料理の調理風景

レッスンやセミナー

コンサート・ライブ

一般的に、動画は、ユーザーから一体感を生み出せるので、「いいね！」やコメントをもらいやすい！

> CHAPTER 2　つながりを生むコンテンツのつくり方

COLUMN "インスタ映え"写真がない
企業の工夫

　100円ショップ「ザ・ダイソー」を展開する株式会社大創産業のInstagram公式アカウントは、投稿画像に様々な工夫を凝らし、フォロワー数は55万人を超える（2018年1月時点）など大きな反響を集めています。

　ダイソーの商品は一見、機能性を重視したシンプルなものが多いように感じますが、投稿画像では、色やデザインの近いステーショナリーを並べるなどして、統一感や世界観を演出しています（図24）。

　加えて、テキストの入力欄には投稿画像に登場している商品の名前と品番を明示し、ユーザーがお店に行ってスマホを見せればすぐに欲しい商品が手に入れられるよう考えられています。

　「いいね！」はもちろん、コメントとしても「かわいい」「欲しい」「近くのダイソーに行って買ってきました」などと、毎回大きな反響が寄せられています。

　東京電力グループのInstagram公式アカウントでは、工場や配管などを被写体とした「インダストリアルフォト」の流行に乗り、関連する人気のハッシュタグを利用しながら、自社の発電所や水路の画像を投稿しています（図25）。

　本来は目に見えないサービスを提供している企業ですが、ユニークな発想でユーザーとの親近感やブランド好意度を醸成している好例です。

　このように一見"インスタ映え"が難しそうな企業でも、**写真の構図やテキスト、被写体やハッシュタグを工夫**して人気を集めています。

図24 フォロワー数55万人を超えるザ・ダイソーのInstagram投稿

出典：ザ・ダイソーのInstagramページ
URL https://www.instagram.com/p/BV5xb5ZlnZM/

図25 東京電力グループの流行に乗ったInstagram投稿

出典：tepco.official（東京電力グループ）のInstagramページ
URL https://www.instagram.com/p/BYmjZfYn5A3/

> CHAPTER 2　つながりを生むコンテンツのつくり方

COLUMN　Instagram でハッシュタグフォローができるようになった

　Instagram は、ハッシュタグのフォロー機能を 2017 年 12 月にリリースしました。ハッシュタグがついている投稿のうち、「いいね！」やコメントが多い投稿やストーリーが選ばれ、フィードに表示される機能です。

　では、この機能は企業の SNS アカウントにどのような影響を与えるのでしょうか？

●企業のアカウントをフォローしなくてもよくなる⁉

　Instagram で「ハッシュタグで検索して画像を探す」という行為は、特に若い世代にとっては、Google でキーワード検索するのと同じように、情報収取手段として根づいています。

　このハッシュタグそのものがフォローできるようになったことで、ユーザーは必ずしも特定のアカウントをフォローしなくても、関心の高いテーマの画像や動画を閲覧することができるようになったのです。

　企業の立場で考えると、ハッシュタグフォローによって自社のアカウントにフォローしてもらうことがより難しくなっていくことが想定されます。

●コンテンツの質がますます重要に

　ユーザーからフォローしてもらうためには、単にその企業やブランドを知っているというだけでなく、愛着や好感を持ってもらうことがますます重要になっていくでしょう。

　ぜひ、CHAPTER 2 で紹介したコンテンツづくりのコツを生かしてください。

CHAPTER

3

コンテンツの分析方法

01 反応分析で投稿の精度アップを図る

02 Facebook ページを分析する

03 Twitter ページを分析する

04 Instagram ページを分析する

05 コンテンツの人気度を測定しよう

06 競合のエンゲージメント率から課題を知る

07 画像サイズを見直す

08 リンクが正しく表示されるか OGP を確認する

09 フォロワーのつぶやきにはすばやく反応する

10 年に一度のアンケートで、消費者の要求を探り出す

> CHAPTER 3 　コンテンツの分析方法

No.

01

［投稿の効果測定］

反応分析で
投稿の精度アップを図る

　SNSでは、企業が発信した情報に対するユーザーの生の声が、「いいね！」やコメントなどを通してすぐに得られます。効果測定がすぐにできるため、ユーザーに受け入れられるコンテンツに軌道修正することができます。つまり、コンテンツを企画して発信し、ユーザーの反応を見て改善するというPDCAサイクルを、速いスピードで回すことができるのです。

　これは従来のメディアではほとんど得られなかったメリットです。例えば、テレビCMはたくさんの人に発信はできますが、何人にリーチしたのかなどの数値的な反響をすぐに知ることはできません。雑誌広告も、発行部数をすぐに知ることはできても、どれほどの反響があったのか、どのような内容がよかったのかまでは詳しく調査しなければわかりません。

　効果測定がすぐにできるというSNSの大きな特性を存分に生かすために、ユーザーから受け入れられた投稿内容や反発のあった投稿内容を分析しましょう。

● 日々反省。トライ＆エラーで効果を測定

　改善するために必要なのはもちろん、スタッフ全員が運用状況を把握するためにも、毎月レポートを作成する必要があります（図1）。

　あらかじめ決めたKPIを基準に、当月の数値や前月比、これまでの推移などがわかる資料を作成してください。また、「いいね！」数やコメント数が多い投稿と少ない投稿を比較し、その理由を考えて、次のコンテンツに生かしましょう。

図1 目標に沿ったレポートの作成と分析

① 具体的なKPIを決める

例：「ファン数5,770人以上、投稿リーチ数40,000以上、ファンへのリーチ率10%
以上、口コミリーチ率75%以上、アクション数2,500以上、アクション率8%以
上」を目標とした場合

② 毎月のレポートを作成する

投稿のファンとリーチ、アクションの推移

	3月	4月	5月	6月	7月	8月	
ファン数	5,593	5,627	5,676	5,736	5,760	5,777	目標を上回る ファン数獲得！
前月比	−	+0.61%	+0.87%	+1.05%	+0.42%	+0.30%	目標を上回る 投稿リーチ数 獲得！
投稿リーチ数 投稿のリーチ数の総計	32,925	14,789	29,373	27,656	17,235	43,597	
前月比	−	−55.08%	+98.61%	−5.85%	−37.68%	+152.96%	目標を上回る ファンへの リーチ率獲得！
ファンへのリーチ率 ファンへのリーチ数／ファン数	9.38%	7.76%	11.10%	12.60%	7.92%	12.63%	
前月比	−	−17.27%	+43.04%	+13.51%	−37.14%	+59.47%	口コミ リーチ率 目標未達成…
口コミリーチ率 口コミリーチ数／投稿リーチ数	71.81%	65.10%	60.92%	68.57%	45.99%	59.30%	
前月比	−	−9.34%	−6.42%	+12.56%	−32.92%	+28.94%	目標を上回る ファンへの アクション数獲得！
アクション数 投稿に対してアクションを実行 した人の総計	2,596	1,001	1,527	1,532	767	2,185	
前月比	−	−61.44%	+52.55%	+0.33%	−49.93%	+184.86%	アクション率 目標未達成…
アクション率 アクション数／投稿リーチ数	7.88%	6.77%	5.20%	5.54%	4.45%	5.01%	
前月比	−	−14.09%	−23.19%	+6.54%	−19.68%	+12.58%	

※各項目のデータは、小数点第3位以下を四捨五入して表示しています。前月比については、実数から算出しており、各項目
　の表示数を計算した値とは異なる場合があります。
※各リーチ数およびアクション数は投稿ごとのユニークユーザー数であり、月間のユニークユーザー数ではありません。

> 目標を基準に、「いいね！」数やコメント数が多いか少ないかを判断
> し、投稿の特徴を確認。翌月以降の投稿に生かそう！

> CHAPTER 3　コンテンツの分析方法

No.

02

［SNSの分析機能を使おう ①］

Facebookページを
分析する

　各SNSには、「いいね！」数やエンゲージメント数などを分析する機能がついています。資料作成の際に役に立つ機能ですので、その使い方をご紹介します。

◉ Facebook分析ページでできること

　Facebookページを分析するには、Facebookインサイトという機能を使います。Facebookページのカバー画像の上にあるメニューの「インサイト」をクリック（❶）すると開きます（図2）。

　初めに表示される画面では、指定した期間のFacebookページの分析や直近の投稿が獲得した反応を確認できます（❷）。同じ画面をスクロールすれば、直近5件の投稿の分析（リーチ数やエンゲージメント数など）（❸）がわかります。さらにスクロールすると、「競合ページ」として他社のFacebookページを指定しておけば、競合のコンテンツの分析を見ることもできるのです（❹）。競合と比較できるので、自社のKPIの設定などに役立てることができます。

　左メニューからは、フォロワー数や「いいね！」数、リーチ数などを確認することができます。例えば、左メニューの「いいね！」をクリック（❺）すると、これまでの「いいね！」合計数の推移（❻）や、1日ごとの「いいね！」の増減（❼）が表示されるので、ファンが順調に増えているかどうかが把握できます。また、広告（スポンサー）や自社のページ、モバイルなど、どこから「いいね！」が獲得されたのかがわかるようになっています。

098

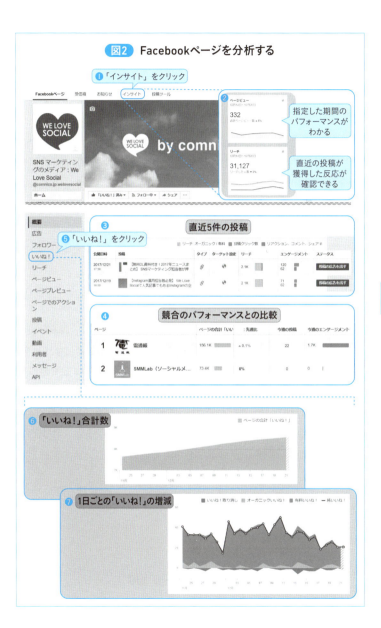

> CHAPTER 3　コンテンツの分析方法

　さらに「リーチ」をクリックすると、指定した期間のリーチ数の推移がわかります（図3）。また、グラフ上で増減が気になる箇所をクリックすると、その日に公開された投稿が表示されます。その他、投稿に対する「いいね！」などのリアクション、コメント、シェアなどのポジティブな反応数や、投稿の非表示、「いいね！」の取り消しなどのネガティブな反応数もわかるので、対策を考えることができます。

　左メニューの「投稿」（❽）には、ユーザーが何曜日の何時にFacebookを利用しているのかが調べられる「ファンがオンラインの時間帯」（❾）という機能もあります（図4）。投稿後にすぐ「いいね！」やコメントがついた投稿は、その後リーチが上昇する傾向にあるため、利用ユーザーの多い盛り上がるタイミングを狙って投稿しましょう。

　同じタブにある「投稿タイプ」（❿）という機能では、写真や動画、リンクなどの投稿タイプごとに平均リーチ数や平均エンゲージメント数がわかります。リーチしやすい投稿やエンゲージメントの高い投稿のタイプがわかるため、次回コンテンツを作成する際の参考になります。

　このように、Facebookページの分析機能では、あらゆる情報が取得できますが、その情報量の多さゆえに管理が煩雑になりがちです。Facebookページの数値を効率的に集計するために、自社のKPIに絞って必要なデータを中心に見ていきましょう。例えば、次のように自社のKPIに沿ったチェック項目を決めておくとスムーズです。

- **今月最もユーザーに見られている投稿**
  →図2の❷をチェック
- **今月の競合他社のアカウントの動向**
  →図2の❹をチェック
- **今月最も「いいね！」やコメントが多い投稿**
  →図3をチェック

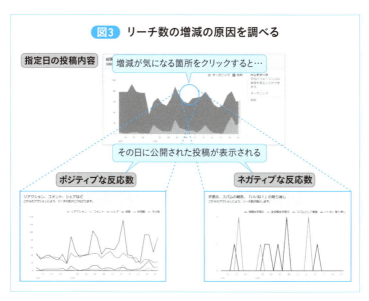

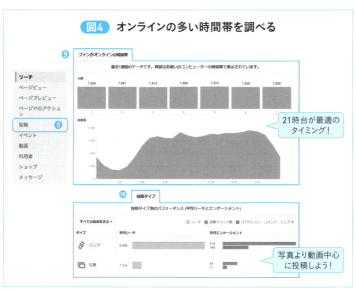

> CHAPTER 3　コンテンツの分析方法

No.

03

［SNSの分析機能を使おう ②］

Twitterページを
分析する

◉ Twitter分析ページでできること

　Twitterの分析機能であるTwitterアナリティクスは、Twitterのアカウントを持っていれば、企業や個人を問わず誰でも利用することができます。Twitterアナリティクスにアクセスするには、PCのTwitter画面からアイコンをクリック（❶）し、表示されるメニューから「アナリティクス」を選択（❷）します（図5）。スマートフォンアプリからは利用することができません。

　初めに表示される「アナリティクスのホーム画面」では、過去28日間でのパフォーマンスの変動として、直近28日のツイート数やツイートのインプレッション数、プロフィールへのアクセス数などが確認できます。また、ひと月ごとに最もインプレッションを獲得した「トップツイート」なども表示されます。

　アナリティクスのホーム画面上部のメニューから「ツイート」をクリックすると、ツイートアクティビティが表示され、日別の獲得インプレッション数とツイート数の推移を見ることができます。さらにその下にはツイートごとのインプレッション数、エンゲージメント数、エンゲージメント率が一覧になっています。ツイートごとに設けられた「ツイートアクティビティを表示」をクリックすると、そのツイートに対する反応の内訳も確認できます。

　その他にも、「オーディエンス」では、フォロワーや全体のユーザーなどの属性を調べることができます。フォロワーについてのデータは、職業や興味・関心、携帯電話会社などの項目があります。

図5 Twitter分析ページへのアクセス手順

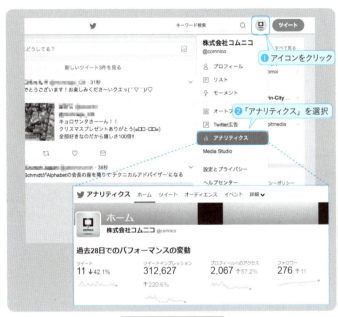

分析ページでわかること

インプレッションの多いツイート

すべてのツイートの日別合計獲得インプレッション

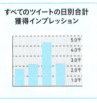

ツイート数の推移

4月1日
ツイート 40
5月1日
ツイート 32
6月1日
ツイート 48

ツイートごとのインプレッション数、エンゲージメント数、エンゲージメント率

ツイートに対する反応
(「いいね」数、リンクのクリック数など)

フォロワーの属性
(職業、興味・関心など)

> CHAPTER 3　コンテンツの分析方法

No.
04

［SNSの分析機能を使おう ③］

Instagramページを
分析する

● Instagram 分析ページでできること

Instagramの分析機能であるInstagramインサイトを利用するためには、まず、ビジネスのためのアカウント（ビジネスプロフィール）の作成が必要です。**利用するにはFacebookページを持っていることが条件**になります。

ビジネスプロフィールの作成は、プロフィールからオプション（歯車アイコン）をクリックして、「ビジネスプロフィールに切り替える」をクリックし、案内に従って必要事項を入力したら完了です。

Instagramインサイトは、ビジネスプロフィールへの変更後にプロフィールページ上に表示されるアイコン（❶）から開くことができます（図6）。

画面最上部のセクションではフォロワー数や投稿件数、2つ目のセクションでは過去7日間のインプレッション数・リーチ数・プロフィールの閲覧数を見ることができます。

3つ目のセクションでは、「フォロワーの統計データ」（性別、年齢、Instagramの閲覧場所）が確認できます。

4つ目のセクションでは、「人気の投稿」が過去1年間のインプレッションの多い順に表示されます。「もっと見る」をクリックすると、それぞれの投稿のインプレッション数も閲覧できます。さらに、気になる投稿をクリックすると投稿内容が開き、そこで「インサイトを見る」をクリックすると、その投稿のインプレッション数、リーチ数、エンゲージメント数が表示できるようになっています。

104

図6 Instagram分析ページへのアクセス手順

> CHAPTER 3　コンテンツの分析方法

No.
05

［エンゲージメント率の計算方法］
コンテンツの人気度を測定しよう

　企業では、投稿したコンテンツがユーザーに喜ばれているかどうかを知るために、エンゲージメント率によって効果測定をすることが多いでしょう。エンゲージメント率とは、ファンやフォロワーからコンテンツがどれだけ共感されたかを数値化したものです。

　ただし、各SNSの分析ページ上に表示される「エンゲージメント」の定義や「エンゲージメント率」の計算方法は、実はSNSごとに異なります。KPIにエンゲージメント率を設定する場合も多いと思いますので、各SNSでエンゲージメント率が何を指しているのかということを、ここで確認しておきましょう。

● Facebookのエンゲージメント率

　Facebookが定義するエンゲージメントは、次のとおりです。

- 投稿への「いいね！」
- シェア
- コメント
- 写真のクリック
- 動画の再生
- その他のクリック（アイコン、ページ名、もっと見る、写真など）

　Facebookのエンゲージメント率は、投稿にリーチした人数のうち、「いいね！」、シェア、コメント、そしてURLや写真などのクリックを行った人数の割合を示しています。計算式は（図7）に示すとおりです。

図7 Facebookページの人気度は何で決まる?

Facebookが定義するエンゲージメント

投稿への「いいね!」

シェア

コメント

写真のクリック

動画の再生

その他のクリック

エンゲージメント率の計算式(Facebook)

$$\text{エンゲージメント率} = \frac{\text{エンゲージメント数(「いいね!」、シェア、コメント、クリックの数)}}{\text{リーチした人数(投稿を見たユニークユーザーの数)}}$$

> CHAPTER 3　コンテンツの分析方法

● Twitterのエンゲージメント率

Twitterのエンゲージメントは、次のとおりです。

- **ツイートのクリック（ハッシュタグ、リンク、プロフィール画像、ユーザー名、ツイートの詳細表示のクリックを含む)**
- **投稿への「いいね」**
- **リツイート**
- **返信**
- **フォロー　など**

Twitterのエンゲージメント率は、「エンゲージメントの数をインプレッションの合計数で割って算出します」とされています（図8）。

● Instagramのエンゲージメント率

Instagramのエンゲージメントは、同社による正式な発表はありませんが、他社と比較できる次の数値がよいでしょう。

- **投稿への「いいね！」**
- **投稿の保存**
- **コメント**

Instagramの場合、エンゲージメント率が表示されません。ただし、インプレッション数をビジネスプロフィール上で調べて、自社で算出することができます（図9）。

それぞれの計算式を見るとわかるように、どのSNSもユーザーからの反応が多ければ多いほどエンゲージメント率は高くなります。

図8　Twitterの人気度は何で決まる?

Twitterが定義するエンゲージメント

ツイートのクリック	投稿への「いいね」	リツイート	返信	フォロー

エンゲージメント率の計算式（Twitter）

$$\text{エンゲージメント率} = \frac{\text{エンゲージメント数（クリック、リツイート、返信、フォロー、「いいね」の数）}}{\text{インプレッション数（ユーザーがツイートを見た回数）}}$$

図9　Instagramの人気度は何で決まる?

Instagramが定義するエンゲージメント

投稿への「いいね!」	投稿の保存	コメント	ハッシュタグのクリック	複数枚の画像のスワイプ
♥ 300	🔖 180	💬 140	✗	✗

エンゲージメント率の計算式（Instagram）

$$\text{エンゲージメント率} = \frac{\text{エンゲージメント数（投稿への「いいね!」、投稿の保存、コメントの数）}}{\text{インプレッション数（投稿が表示された回数）}}$$

> CHAPTER 3　コンテンツの分析方法

No.

06

［他社のエンゲージメント率の計算方法］

競合のエンゲージメント率から課題を知る

● 他社のエンゲージメント率の計算方法

　自社のファン数やフォロワー数、エンゲージメント率などのKPI値を決める際は、競合やベンチマークしている企業が参考になります。

　しかし、エンゲージメント率を競合と比較したいと思っても、他社のインサイトおよびアナリティクスは閲覧できません。

　インプレッション数やリーチ数の代わりに、取得可能な範囲の数値で他社のエンゲージメント率を算出する方法があります。

　例としては次の計算式が挙げられますので、参考にしてください（図10）。

Facebook：（「いいね！」数＋コメント数＋シェア数）÷ファン数
Twitter：（「いいね」数＋リツイート数）÷フォロワー数
Instagram：（「いいね！」数＋コメント数）÷フォロワー数

● 比較検討し、今後の方針を決める

　各社のエンゲージメント率を計算したら、125ページのように競合他社と自社のファン数、フォロワー数、エンゲージメント率などの項目を比較できる表をつくります。そうすれば、それぞれの項目で自社が何番目に位置しているのかを把握することが可能です。

　比較することで、ファン数を伸ばしていくべきなのか、エンゲージメント率を高めていくべきなのかといった今後の方針を決めやすくなるので、ぜひ取り組んでみてください。

110

図10 競合他社と比較する計算式

Facebook

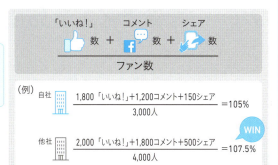

Twitter

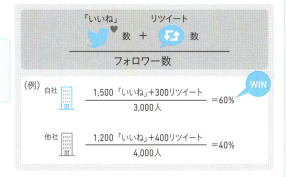

Instagram

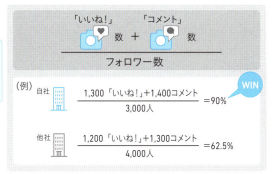

> CHAPTER 3　コンテンツの分析方法

No.
07

［エンゲージメントを上げる鉄則 ①］
画像サイズを見直す

　せっかく投稿した画像が切れたり歪んだりしていては、注目されないだけでなく、積み上げてきたブランドイメージを壊しかねません。そこで、さらにエンゲージメントを高めるために、まずは画像サイズを見直してみましょう。画像サイズは、各SNSやページ上の掲載場所によっても異なります。次に各社の正式発表のあるものからないものまで、SNSごとの推奨サイズをまとめましたので、参考にしてください（2018年1月時点）。

● Facebookページにおける画像の推奨サイズ

・ プロフィール画像

　最小320×320ピクセル〜最大960×960ピクセル内の正方形がおすすめです。広告や投稿では円形にトリミングされるため、円形を想定した画像にしましょう（図11）。

・ カバー画像

　PCとスマートフォンでは画面の見え方が違うため、どちらの端末から見ても画像が切れないように配置する必要があります。

　PCのサイズを中心とする場合、推奨アップロードサイズは幅828×高さ315ピクセルです。ただし、スマートフォンでの表示も考えて、左右両サイドにロゴやサービス名などを配置しないよう気をつけましょう。スマートフォンサイズを中心とする場合の画像サイズは幅828×高さ466ピクセルです。ただし、PCの表示ゾーンに収まるよう、幅828×高さ315ピクセルにトリミングされることを想定した画像にしましょう。

図11 Facebookページのサイズ目安

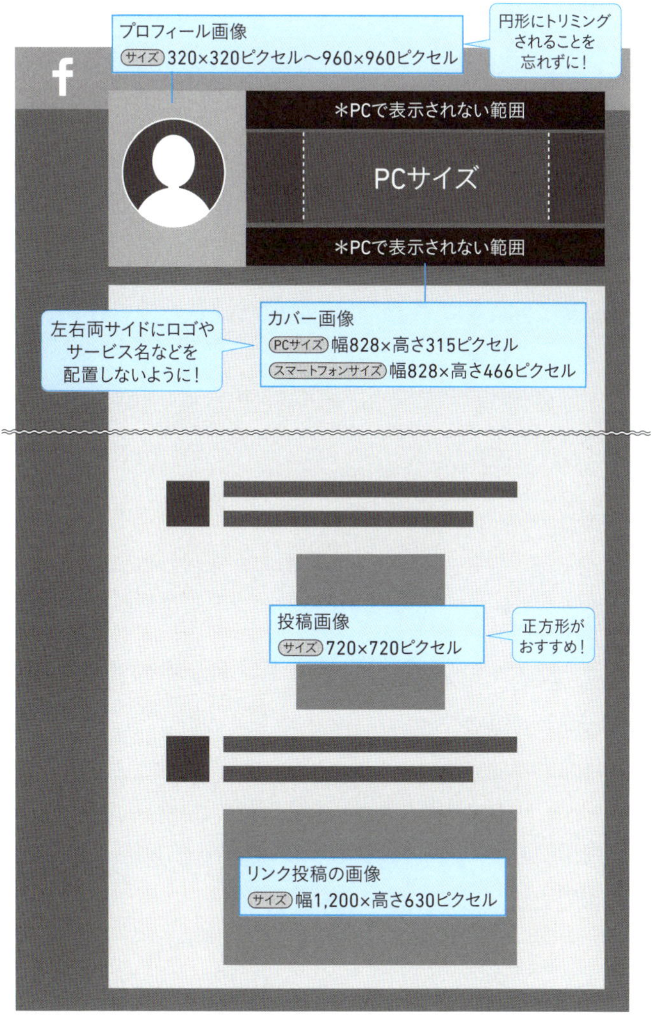

プロフィール画像
(サイズ) 320×320ピクセル〜960×960ピクセル

円形にトリミングされることを忘れずに!

＊PCで表示されない範囲

PCサイズ

＊PCで表示されない範囲

左右両サイドにロゴやサービス名などを配置しないように!

カバー画像
(PCサイズ) 幅828×高さ315ピクセル
(スマートフォンサイズ) 幅828×高さ466ピクセル

投稿画像
(サイズ) 720×720ピクセル

正方形がおすすめ!

リンク投稿の画像
(サイズ) 幅1,200×高さ630ピクセル

> CHAPTER 3 コンテンツの分析方法

• 投稿画像

720×720ピクセルの正方形がおすすめです。ただし、必ずしも正方形である必要はなく、縦長でも横長でも問題はありません。

また、URLを張りつけた「リンク投稿」に画像を差し込みたい場合は、幅1,200×高さ630ピクセルにするといいでしょう。

● Twitterのプロフィールと投稿画像の推奨サイズ

• ヘッダー画像

幅1,500×高さ500ピクセルがおすすめです。公式発表はありませんが、容量は2MB程度でJPGまたはPNGがよいでしょう（図12）。

• プロフィール画像

サイズは400×400ピクセル、容量は2MB未満、形式はJPGまたはPNGがおすすめです。Facebookと同じく円形にトリミングされるため、クリエイティブは円形にあわせましょう。

• 投稿画像

PCとスマートフォンでは表示のされ方が違うため、どちらの端末で表示しても切れない幅640×高さ360ピクセルがおすすめです。

● Instagramのプロフィールと投稿画像の推奨サイズ

• プロフィール画像

320×320ピクセルがおすすめです。容量については、公式発表はありませんが、解像度を高く保つために、JPGやPNGがよいでしょう。画像は円形にトリミングされます（図13）。

• 投稿画像

1,080×1,080ピクセルの正方形がおすすめです。

また、クリックして拡大される画像は、粗く表示されないように、横長であれば幅1,080×高さ566ピクセル、縦長であれば幅1,080×高さ1,350ピクセルにしましょう。

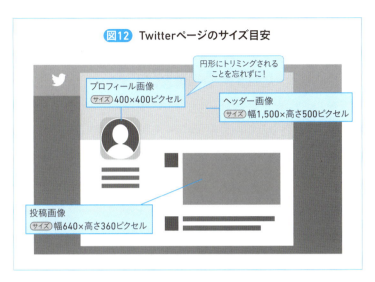

図12 Twitterページのサイズ目安

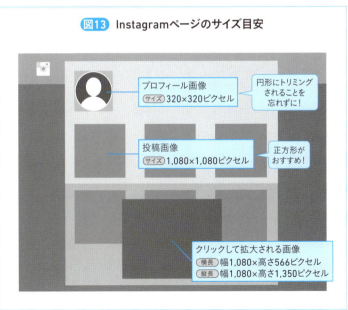

図13 Instagramページのサイズ目安

> CHAPTER 3　コンテンツの分析方法

No.

08

［エンゲージメントを上げる鉄則 ②］

リンクが正しく表示されるか
OGPを確認する

　せっかくリンクをシェアしても、タイトルや画像が切れていては
訴求力が下がってしまいます。リンクが正しく表示されているかどう
かを確認しておきましょう（図14）。リンクをSNSでシェアした際に、
そのページのタイトルやURL、概要、画像（サムネイル）を正しく表
示させる仕組みのことをOGPといいます。

　シェアしたリンクがどのように表示されるかを、開発者用ページ
のシェアデバッガー機能でチェックしておきましょう。

　画像が切れていると訴求力が下がると説明しましたが、見た目の
問題だけではありません。

　OGPが正しく設定されていないと、アルゴリズムにより投稿が表
示されにくくなってしまうのです。結果的に、リーチやエンゲージメ
ントが下がってしまうことも考えられます。

● リンクを正しく表示させるには？

　OGPを使って特定のWebサイトのURLをシェアした時の画像を正
しく表示させるには、該当ページの画像サイズをOGP用に調整して
おく必要があります。サイズを1,200ピクセルから600ピクセルに設
定しておくとFacebookやTwitter両方で画像の上下や左右が切れず
に表示されます（2018年1月時点）。

　OGPを正しく設定する場合、サイト制作に関する知識がある程度
必要です。サイト制作を担当しているパートナー企業の方に依頼す
ることも検討しましょう。

図14 リンクが切れていないか？

comnicoさんがリンクをシェアしました。
2秒前

無料でマンガが読めるアプリなんだって。

http://www.comnico.com/

切れている！

アプリを
ンロードする

今ならコミック無料読み放題！

www.comnico.com

キャンペーン中の今なら、登録してくれた方は
1か月間、マンガが無料読み放題です。

いいね！・コメントする・シェア

シェアデバッガー機能

	サイト名	URL
Facebookの場合	Facebook for Developers	https://developers.facebook.com/tools/debug/
Twitterの場合	Card validator	https://cards-dev.twitter.com/validator

切れないように、専用サイトで画面をチェックしよう

> CHAPTER 3　コンテンツの分析方法

No.

09

[エンゲージメントを上げる鉄則 ③]

フォロワーのつぶやきには
すばやく反応する

　企業の投稿に対してユーザーがコメントをしてくれた場合、それをそのまま放置するのではなく、「いいね！」やコメントなどのアクションを返すようにすると個々のユーザーとの関係性が深まり、結果的にエンゲージメント率が高まるという傾向があります。特に、リアルタイム性の高いTwitterでは、コメントになるべく早く反応することで、次にユーザーがリアクションを起こす確率を高めることができます。コメント数があまりに多く、すべてに返信することが難しい場合でも、質問をしているようなコメントにはできるだけ返信するようにしましょう。

● B to B企業 森田アルミ工業がTwitterで話題！

　大阪府にあるエクステリア製品を製造する森田アルミ工業は、Twitterを通じて高い知名度を得るようになりました。

　商品紹介を中心にした情報発信だけでなく、グッズ紹介や製品と関係ないネタを交えながらの運用で、フォロワーとの対話を通じて人気のアカウントへと成長し、フォロワーは26,000人を超えています。

　図15は森田アルミ工業のTwitterアカウントのある日の投稿です。森田アルミ工業の担当者が、その日飲んだジュースを気軽に投稿して、製造元のKAGOME（カゴメ）公式アカウントからの返信をもらっています。それに対し、森田アルミ工業が丁寧に返信をしていることがわかります。

　このように自社製品と直接関係のない投稿でやりとりすることもユーザーのエンゲージメント率を高める行動となります。

118

図15 森田アルミ工業の丁寧な返信

定型文ではなく、丁寧に返信している

自社の投稿に対する返信には、すばやく返信するのが鉄則！

出典：森田アルミ工業株式会社【公式】のTwitterページ
URL https://twitter.com/moritaalumi/status/951665441084092417

> CHAPTER 3　コンテンツの分析方法

No.

10

［消費者アンケート］
年に一度のアンケートで、消費者の要求を探り出す

　月次の資料でKPIについての効果測定を行うこととあわせて、少なくとも年に一度は消費者アンケートを実施してKGIの達成度も調査しましょう。

● 消費者アンケートの流れ

　アンケートの質問項目は、設定したKGIに沿うデータが得られる内容を準備します。

　アンケート調査を行う際は、まずターゲットをフォロワーとそれ以外に分け、SNS上の広告を使ってアンケートの告知をします。そしてアンケートを実施し、結果を資料にまとめるというのが、一連の流れです（図16）。

　アンケートを実施する際は、Webアンケート作成ツールのSurvey Monkey（サーベイモンキー）やQuestant（クエスタント）などを活用すると、簡単に作成できます。

　例えば、図16のようにSNSが顧客育成や商品の購入に貢献しているかを検証する質問を入れると、KGIの達成度合いを調査することができます。

　さらに、集計結果は管理画面から自由にチェックできます。この結果をもとに、アンケートを通じて、SNSアカウントでどのような情報を知りたいかを調査した結果のレポートをつくります。アンケート結果を今後のコンテンツづくりにも生かしましょう。

　アンケートは、集計にも時間がかかるので、半年や1年おきに定期的に実施するのがよいでしょう。

図16 消費者アンケートを行う流れ

告知

ファン（フォロワー）に対し、広告やギフト券などのインセンティブを通じてアンケート告知

アンケート実施

設問例

Q どのくらいの頻度で弊社の製品を利用しますか？

Q SNSを通じてブランドへの気持ちはどう変化しましたか？

Q 公式アカウントでどのような情報を受け取りたいですか？

レポートをエクセルなどにまとめる

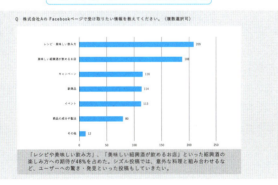

「レシピや美味しい飲み方」、「美味しい紹興酒が飲めるお店」といった紹興酒の楽しみ方への期待が48％を占めた。シズル投稿では、意外な料理と組み合わせるなど、ユーザーへの驚き・発見といった投稿もしていきたい。

※KGI調査の場合、SNSアカウントのファン（フォロワー）とそれ以外にアンケート調査を行いSNSの効果を検証することもある

消費者アンケートは、KGIの達成度を測るために、半年または年1回行うのがベスト！

> CHAPTER 3　コンテンツの分析方法

COLUMN フォロワーが増えると
エンゲージメント率が下がる!?

　一般的に、フォロワーが増えればエンゲージメント率は低下するといわれています。

　なぜなら、公式アカウントを開設してすぐにフォロワーになるユーザーには、企業やブランドに対して好感度の高いファンが多く、投稿に対して「いいね！」やコメントなどの反応を高い確率で返してくれる傾向があるからです。

　しかし、フォロワーが増えるにつれて、さほどブランド好意度の高くないユーザーのフォローも増えるので、結果的にエンゲージメント率の低下につながると考えられます。新しいユーザーがブランド好意度の高いユーザーと同じように反応を返してくれるとは限らないため、その結果として増加したフォロワー数に対して「いいね！」数やコメント数はそれほど上がらず、エンゲージメント率が下がってしまうのです（図17）。

　ただし、すべてのアカウントやページのエンゲージメント率が下がるとは限りません。ファンにとって面白いコンテンツやためになるコンテンツなどを発信することによって、エンゲージメント率は高めていくことができます。ひいてはそれがブランド好意度の向上にもつながっていきます。

　むしろ一時的にエンゲージメント率が下がってしまったとしても、広く集めたフォロワーを育ててエンゲージメント率を高めていくことも、SNSマーケティング担当者のやりがいの1つだといえます。

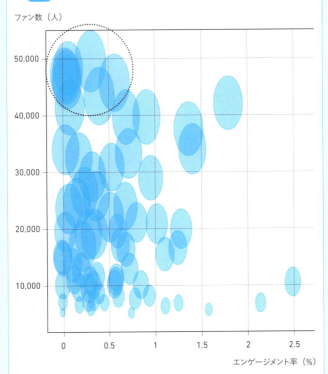

図17 ファン数が多いほど、エンゲージメント率は低下する傾向

・集計期間：2016年12月1日〜2017年11月30日
・対象SNS：Facebookページ
・対象企業：小売業界（約90件のページを分析）

※エンゲージメント率＝（「いいね！」数＋コメント数＋シェア数）÷ファン数
※円のサイズは大きいほど、ファン数が多いことをあらわす

縦軸のファン数が多いほど、横軸のエンゲージメント率は低い傾向にあることがわかる

> CHAPTER 3　コンテンツの分析方法

COLUMN

競合他社と比較する場合の表サンプル

●食品・飲料業界における Twitter の公式アカウントのフォロワー数とエンゲージメント率

アカウント名	大カテゴリー	小カテゴリー	フォロワー数	リツイート数	いいね数	エンゲージメント数	エンゲージメント率
サントリーほろよい	食品・飲料	アルコール	31,039	90	162	252	0.8%
SMIRNOFF	食品・飲料	アルコール	46,139	54.5	46.5	100.9	0.2%
アンクルトリス	食品・飲料	アルコール	19,053	16	58	74	0.4%
よなよなエール／ヤッホーブルーイング公式	食品・飲料	アルコール	22,287	4.3	16.6	20.9	0.1%
平均値			29,630	41.2	70.775	111.95	0.4%
ダイドーブレンド公式アカウント	食品・飲料	ソフトドリンク	43,514	8,795.60	712.7	9,508.40	25.4%
LUPICIA	食品・飲料	ソフトドリンク	26,444	95.4	167	262.5	1.0%
リプトン	食品・飲料	ソフトドリンク	34,112	44.4	98.3	142.7	0.4%
オロナミンCドリンク	食品・飲料	ソフトドリンク	12,262	1.5	3.6	5.1	0.04%
平均値			29,083	2234.225	245.4	2479.675	6.7%
カルディコーヒーファーム	食品・飲料	菓子	43,194	793.9	1,523.50	2,317.40	5.8%
BOURBON（ブルボン）【公式】	食品・飲料	菓子	14,015	235.2	866.3	1,101.50	7.9%
Fit's組ツイッター委員	食品・飲料	菓子	45,489	111.9	883.4	995.3	2.2%
チロルチョコ株式会社	食品・飲料	菓子	23,330	92.7	224.8	317.5	1.4%
平均値			31,507	308.425	874.50	1,182.93	4.3%
どん兵衛 公式	食品・飲料	食品	29,191	911.5	2,716.90	3,628.40	13.3%
チキンラーメンひよこちゃん	食品・飲料	食品	34,209	499.3	1,069.50	1,568.80	4.6%
ゼスプリキウイ公式	食品・飲料	食品	16,307	200.2	462.1	662.3	4.0%
inゼリー公式	食品・飲料	食品	39,751	109.9	233.8	343.6	0.9%
平均値			29,865	430.225	1,120.58	1,550.78	5.7%

集計期間：2017年12月1日〜31日の1か月間
業界：食品・飲料業界
対象SNS：Twitterでフォロワーが1万〜5万のアカウントのうち、エンゲージメント率の高い上位4社

計算式
エンゲージメント数＝（「いいね」数＋リツイート数）
エンゲージメント率＝（「いいね」数＋リツイート数）÷フォロワー数
※表のリツイート数、「いいね」数、エンゲージメント数、エンゲージメント率は、1投稿あたりの平均値です

自社の業界の平均値を算出して、参考にしよう

124

CHAPTER

4

消費者とつながる
運用方法

01　お客さまを探し出し、アクティブにサポートしよう

02　キャンペーンを活用して、ファンやフォロワーに喜んでもらおう

03　みんなが欲しいものよりも、ファンが喜ぶプレゼントを考えよう

04　キャンペーン実施後に気をつけておきたいこと

05　SNSが定めるガイドラインに注意しよう

06　既存のファンにブランドのPR大使になってもらおう

07　アンバサダーを育てよう

08　LINEビジネスコネクトを活用する

09　企業サイトでやりとりできるチャットボットの可能性

> CHAPTER 4　消費者とつながる運用方法

No.

01

［自社に関連する投稿への対応］

お客さまを探し出し、
アクティブにサポートしよう

SNSにはコンテンツ発信以外にも、企業やブランドのファンを増やしたり、ユーザーと親交を深めたりする方法がまだまだあります。KGIを達成するために、コンテンツ発信とあわせて本章で紹介するコミュニケーション方法を検討していきましょう。

ユーザーが自社に関連する投稿をしている場合は、積極的に交流を図りましょう。自社に関連する投稿は、各SNSの検索機能に自社名や製品名を入力して調べます。自社に好意的な内容だけではなく、不満やちょっとした困りごとに対しても積極的にサポートしていくことでマイナスイメージを転換させ、好感度の向上につなげていくことができます。

例えば、日本マイクロソフトは、Twitterにカスタマーサポート用の公式アカウントを開設し、公式アカウント宛てに寄せられた質問はもちろん、Twitter上に投稿された自社製品に関する疑問や不具合に対してもサポートを行っています。

図1では、WindowsかPCに何らかの問題が発生していることをうかがわせるユーザーの投稿に、「突然失礼いたします」とコメントして問題点を聞き出し、それについての対処法をアドバイスしています。図2では、より詳しい使い方などを案内し、ユーザーからお礼のコメントがありました。

SNSでは、一対多数のコンテンツ発信だけではなく1人ひとりに対するコミュニケーションもしっかりできるという利点を存分に生かし、ユーザーとの絆を深めていきましょう。

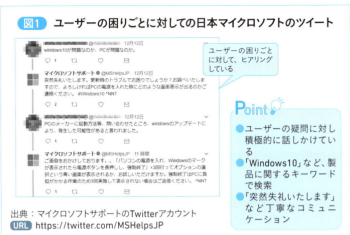

出典：マイクロソフトサポートのTwitterアカウント
URL https://twitter.com/MSHelpsJP

出典：マイクロソフトサポートのTwitterアカウント
URL https://twitter.com/MSHelpsJP

> CHAPTER 4 　消費者とつながる運用方法

No.
02

［キャンペーン ①］

キャンペーンを活用して、ファンやフォロワーに喜んでもらおう

　企業や商品・サービスの認知度を上げたい、自社アカウントのフォロワーを増やしたい、ファンに喜んでもらいたいなどと思った時は、SNSと連動したキャンペーンの実施も検討してみましょう。

　Twitterでは、公式アカウントの特定の投稿をリツイートすることや、キャンペーンのハッシュタグをつけて投稿を行うことを応募条件にしたキャンペーンがよく開催されています。図3のキリンビバレッジの事例では、フォロー＆リツイートをすることで、返信動画ですぐに当選結果がわかるので、フォロワーも気軽に応募しやすい企画といえるでしょう。

　一方、Facebookでは投稿のシェアをキャンペーンの応募条件にすることは、2018年1月時点でFacebookのプラットフォームポリシー（利用規約の1つ）で禁止されています。ガイドラインに違反しない方法として、投稿へのコメントを条件にすることがあります。例えば、図4のJAPAN AIRLINES（JAL）は、国内線ファーストクラス10周年のプレゼントを実施し、応募条件としてコメント欄に「乗ってみたい、JAL国内線ファーストクラス」と「今年の冬に旅してみたい国内の旅行スポット」を記載してもらうキャンペーンをしました。ファンが参加しやすく、ファーストクラスのプレゼン効果もあります。

　また、Instagramでキャンペーンを行う場合は、特定のハッシュタグをつけて写真を投稿してもらうことを応募条件にするのが簡単な方法といえます。フォロワーを集めたい場合は、Twitterのフォロー＆リツイートキャンペーンと同様に、公式アカウントをフォローしてもらうことを応募条件に加えてみるのも手です。

128

図3　キリンビバレッジのTwitterキャンペーン

> キリンビバレッジ♪
> @Kirin_Company
>
> ＼100名様に当たる(*∩´ω｀∩*)♪！／
> 夏限定のキリン メッツ マンゴーをフォロー
> &リツイートでプレゼント♡
> キャンペーン詳細はこちら→ eng.mg/41b9b
> #強炭酸キリンメッツ
>
> フォロー&
> リツイートで
> キリン メッツ マンゴー
> 100名様
> プレゼント！
> 7月12日発売
> 応募締切　2016年7月18日(月)24:00

フォロー&リツイートを応募条件にしたキャンペーン

Point
- フォロワー&リツイートという気軽に参加しやすい応募条件
- プレゼント内容や期間が明確でわかりやすい
- すぐに当選結果がわかる「インスタントウィン」という方法も有効

キリンビバレッジのTwitterページ
URL https://twitter.com/Kirin_Company/status/748705211347144704

図4　JALのFacebookキャンペーン

プレゼント応募方法の詳細

> JAPAN AIRLINES (JAL)さんが写真7件を追加しました。
> 12月5日 10:57
>
> ＼抽選で当たる特別プレゼントに応募しよう！／
> 国内線ファーストクラス10周年！感謝の気持ちを皆さまへ・・・💗🎁
>
> 皆さま、こんにちは。開発部で国内線機内食の担当をしている■■です。
> JAL国内線ファーストクラスは2017年12月で、サービス提供を開始して10
> 周年を迎えました。東京(羽田)－大阪(伊丹)線からスタートしたファースト
> クラスは、この10年間で延べ213万人の方にご利用いただきました。
>
> また、今回はJAL Facebookページをご覧の皆さまの中から抽選でJALファーストクラス就航地(東京、北海道、大阪、福岡、沖縄)にちなんだプレゼント企画をご用意しました！ご自宅でファーストクラス気分を味わってみませんか？

Facebookでは投稿のシェアを応募条件にできない。そのため、投稿へのコメントを条件にしている

Point
- ページへの「いいね！」を応募条件とするキャンペーンはNG
- コメントしてもらうことを応募条件にするのはOK

出典：JALのFacebookページ
URL https://www.facebook.com/jal.japan/posts/1747485235284133

> CHAPTER 4　消費者とつながる運用方法

No.
03

［キャンペーン ②］
みんなが欲しいものよりも、
ファンが喜ぶプレゼントを考えよう

　ガイドラインの他にも、注意しておきたいポイントが2つあります。1つ目はキャンペーン企画前に、まずそのキャンペーンで獲得したいファンの数やエンゲージメント率などの目標を立てておくことです。目標を設定すると、実施後に効果測定ができます。また、かけた費用に対してどのような結果が得られたのかも把握できるからです。

　もう1つ、キャンペーンの企画内容を考える時に注意したいのが、ファンではないフォロワーを集めないようにすることです。例えば、キャンペーンの当選賞品として、ギフト券を賞品にした場合、ギフト券目的の応募もきます。その結果、本当に届けたいファンやフォロワーの方が集まってくれるとは限りません。また、自社アカウントのフォローを応募条件にしても、キャンペーンが終わるとフォローを外されてしまうといったことも起こり得ます。

　プレゼントキャンペーンの賞品は自社商品やクーポンを活用して、ファンの方やペルソナが喜んでくれるものを活用していきましょう。

　具体例として日本マクドナルドはTwitter公式アカウントでマックカードを賞品としたキャンペーンを実施し、5日間で約65,000人のフォロワーを獲得しました（広告配信も実施）（図5）。

　マックカードはマクドナルドの店舗のみで利用可能ですが、クーポンとしてもお得に活用できるので、マクドナルドファンにとっては嬉しい景品であるといえます。また、クーポンを獲得した人は店舗に足を運んでくれる可能性があるので、店舗への誘導もできます。

　フォロワーを集めるだけでなく、キャンペーンが最終的に自社の商品・サービスにまで着地している好例です。

図5 日本マクドナルドのTwitterキャンペーン＋広告の効果

Point
- 企業や商品のファンにとって魅力的な賞品を用意する
- 現金などの賞品は懸賞目的の方が集まる可能性あり
- キャンペーン自体をTwitterで広告配信することも効果的

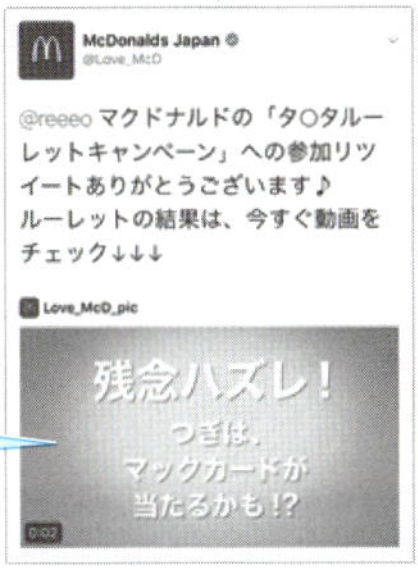

抽選結果がすぐわかる

5日間で約65,000人のファン獲得に成功！

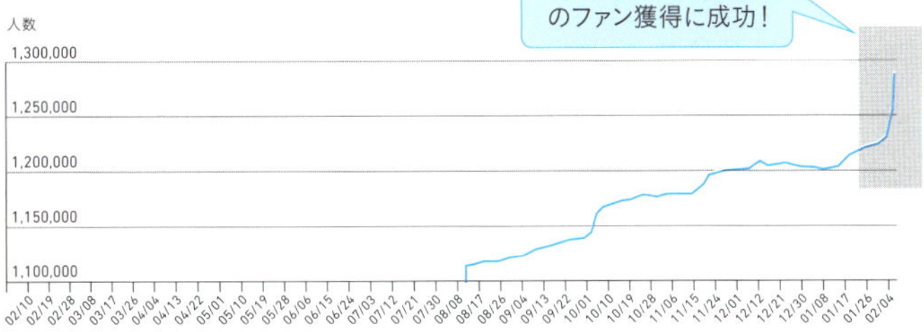

アカウント：マクドナルド
概要：フォロー＆リツイートキャンペーンで、1日1回参加することが可能。
期間：2/3〜2/7（5日間）
インセンティブ：マックカード2000円

出典：日本マクドナルドのTwitterアカウント
URL https://twitter.com/McDonaldsJapan

> CHAPTER 4　消費者とつながる運用方法

No.

04

［ キャンペーン ③ ］

キャンペーン実施後に
気をつけておきたいこと

　キャンペーンを実施した後も、多くのフォロワーを集めたからといって安心できません。その後もフォロワーに喜んでもらえるコンテンツを企画したり、フォロワーやユーザーのコメントに対する返信をしたりして、コミュニケーションを図り続けることが重要です。

◉ キャンペーン後が大事

　図6は、キャンペーンを実施してフォロワーを集めた後、日頃のコミュニケーションを行わなかったある企業のTwitterアカウントのフォロワー数の推移を集計したものです。

　グラフからは、キャンペーン実施時にフォロワーが増えたものの、その後はゆるやかに減少していく様子がわかります。

　キャンペーンはファンやフォロワーに喜んでもらうことや、ファン数やフォロワー数を増やすための手段の1つに過ぎません。

　CHAPTER 1で触れているように、SNSを活用して、皆さんがどのような目標を達成したいのか、本来のKGIやKPIを振り返りながら、キャンペーンの実施そのものが目標にならないよう改めて注意しましょう。

　キャンペーンをきっかけにファンやフォロワーになってくれた方に対して継続的にコミュニケーションをとり、ファンと良好な関係を築いていくことが大切です。例えば、キリンビバレッジはキャンペーンを実施した後も、図7のような「いいね！」やリツイートをファンに呼びかける投稿をこまめにしています。本来の目的を忘れないようにしましょう。

132

図6 キャンペーンを行った後に起こりやすいこと

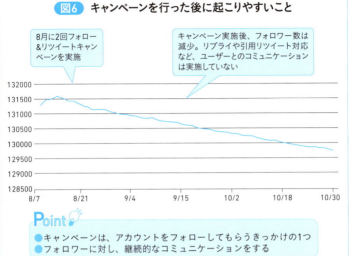

> 8月に2回フォロー&リツイートキャンペーンを実施

> キャンペーン実施後、フォロワー数は減少。リプライや引用リツイート対応など、ユーザーとのコミュニケーションは実施していない

Point
- キャンペーンは、アカウントをフォローしてもらうきっかけの1つ
- フォロワーに対し、継続的なコミュニケーションをする

図7 キリンビバレッジのリツイートと「いいね！」を集めるツイート

Point
- キャンペーン後もコミュニケーションを継続している
- 「いいね！」やリツイートを促す投稿でファンと交流を図っている

出典：キリンビバレッジのTwitterページ
URL https://twitter.com/i/web/status/955334214144217088

> CHAPTER 4　消費者とつながる運用方法

No.

05

［ガイドライン］

SNSが定める
ガイドラインに注意しよう

　各SNSでは、キャンペーンの実施についてガイドラインを設けているので、キャンペーンを行う際は最新のガイドラインを読み、禁止事項を確認するようにしましょう。

　128ページでお伝えしたとおり、Facebookでは「ファンになってもらうこと（Facebookページに「いいね！」を押してもらうこと）」を応募条件にしたプレゼントキャンペーンは、ガイドラインに違反します。

　実際にガイドラインを破ると、Facebookページにアクセスできなくなる、管理者の個人アカウントにログインできなくなるなどといったペナルティが課されます。ページやアカウントが停止されている間は、投稿ができなくなります。つまり、ガイドラインを破ることは、ファンとのコミュニケーションがとれなくなったり、予定していたプレゼントキャンペーンが実施できなくなったりなどのリスクにつながります。

　とはいえ、すべてのガイドラインを把握することは容易ではありません。また、不定期でアップデートされることがあるので、すべて記憶していたとしても無駄になってしまうこともあるでしょう。

　そのため、キャンペーンを企画することやパートナー企業からキャンペーンの提案を受けることになってから、その企画内容がガイドラインに違反していないか、最新のガイドラインと照らし合わせてチェックする方法で構いません。できる限り、効率的にガイドラインをチェックしていきましょう。

　図8に代表的なガイドラインをまとめましたので、新しくキャンペーンを企画する際は、ぜひチェックしてください。

図8 各 SNS の主なキャンペーンガイドライン

Facebookで禁止されているプロモーション

- Facebookページに「いいね！」してもらうことを応募条件とするキャンペーン
- 個人やその友人のタイムラインに投稿、シェアすることを条件とすること
- Facebookが後援、支持、運営しているように見せること

Facebookで許可されているプロモーション

- 自社が運営するFacebookページにチェックインした時にプレゼントをすること
- ゲームアプリなどで、利用者の投稿を介して、ある友人がアプリをダウンロードした際に、友達全員に特典をプレゼントすること

Twitterで禁止されているプロモーション

- 新規のアカウントをつくらせることを条件にすること
- 繰り返し同じツイートを促すこと

Twitterで許可されているプロモーション

- 主催者の「@ユーザー名」を含めてツイートしてもらうこと
- 特定のハッシュタグをツイートに含めてもらうこと

Instagramで禁止されている行為

- コンテンツと異なるタグをつけることやそれを促すこと
- Instagramが後援、支持、または運営しているように見せること

Point

- ●ガイドラインを破るとペナルティが課される
- ●ガイドラインは不定期でアップデートされる
- ●必ず、最新のガイドラインでキャンペーン企画に問題がないかどうかチェックする

> CHAPTER 4　消費者とつながる運用方法

No.

06

［アンバサダー ①］

既存のファンにブランドの
PR大使になってもらおう

　ブランドのファンを増やす手法の1つとして、既存のファンに「アンバサダー」となってもらい、SNSなどを使った口コミでブランドのよさを広めてもらうという方法があります。

● アンバサダーとは？

　アンバサダーは本来「大使」という意味ですが、マーケティングの世界では自社の商品・サービスを愛用しており、かつ、その商品・サービスのよさを積極的に家族や友人に伝えてくれる人のことを指します。

　実際に商品・サービスを使っている身近な人からの口コミは、企業が商品・サービスのよさを伝える以上に情報に対する信頼度が高い傾向にあります。

　消費者庁が公表した『平成28年度 消費生活に関する意識調査』を見ると、SNS上の口コミが消費行動に与える影響がわかります（図9）。

　「SNSで情報を見たことがきっかけで商品購入・サービス利用をした」経験に関する質問では、「友だちがアップやシェアをした情報」を見て購入した経験を持つ割合が、15～29歳の年代では約30％を占め、特に10代後半の女性は約37％と他の年代よりも高い割合です。

　アンバサダーは広告塔としてまさに理想的な存在です。皆さんの中にもそのような実感を持たれる方もいるでしょう。

　近年では、このように口コミを積極的に発信してくれるアンバサダーを募集する企画や、継続的に育成するためのプログラムが登場しています。

図9 SNSで見た情報がきっかけで商品の購入又はサービスの利用をした経験

友達がアップやシェアをした情報

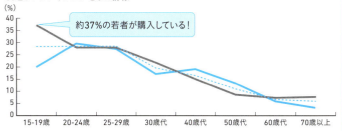

約37%の若者が購入している！

芸能人や有名人がアップやシェアをした情報

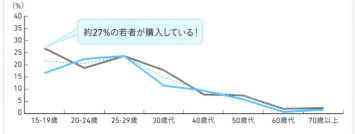

約27%の若者が購入している！

お店やメーカーの公式アカウントがアップやシェアをした情報

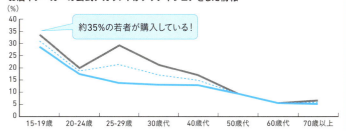

約35%の若者が購入している！

出典：消費者庁『平成28年度 消費生活に関する意識調査』をもとに作成
「あなたは、SNSで次のような情報を見たことがきっかけで商品の購入又はサービスの利用をしたことがありますか」との問いに対する回答（複数回答）
URL http://www.caa.go.jp/information/pdf/information_isikicyousa_170726_0001.pdf

> CHAPTER 4 消費者とつながる運用方法

No.
07

[アンバサダー ②]

アンバサダーを育てよう

アンバサダーを育成するためには、まずアンバサダーになる可能性のあるファンを発掘することから始めましょう。

● SNSで発信してもらうには？

発掘の仕方は様々ですが、例えば、自社サイトやSNS上でアンバサダーになりたい人を募集したり、アンケート調査で「家族や友人にすすめたい」と回答した人に呼びかけたりして集めることができます。

アンバサダーを集めたら、次に商品について理解を深めるアンバサダー限定イベントの開催や、アンバサダー同士の交流コミュニティの開設などを行い、商品・サービスに対する愛着度をさらに高めていきます。それと同時に、アンバサダーにはイベントの様子や新商品情報などを個人のSNSなどから発信してもらうようにするというのが代表的な流れです。

化粧品を販売しているある企業は、Facebookを通じて定期的にアンバサダーを募集し、広報活動につなげています。アンバサダーには、定期的に開催される体験イベントや新商品発表会などに参加できる代わりに、商品を使っている様子を写真つきでSNSに投稿したり、企業が実施するアンケートに回答したりするといった活動を行ってもらいます。

アンバサダーが離れていかないよう、継続的にイベントを開催するなどして働きかけることが大切です。企業はアンバサダーのブランド愛着度を積極的に高め、SNSなどの場でポジティブな口コミが自然に流れるような状態を目指しましょう。

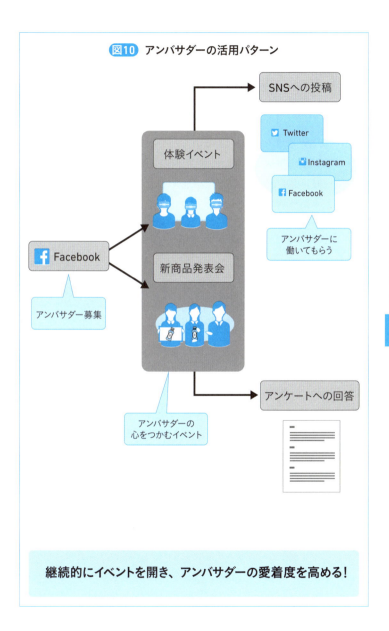

図10 アンバサダーの活用パターン

> CHAPTER 4　消費者とつながる運用方法

No.
08
［LINE ビジネスコネクト・LINE@］
LINE ビジネスコネクトを活用する

　LINE 公式アカウントは、LINE 上で友だちとなったユーザーに企業メッセージを一斉送信する、一対多数のコミュニケーションが特徴です。一方、LINE ビジネスコネクトは、友だちであるユーザーと一対一のコミュニケーションをとれることが特徴です。

◉ 自社のサービスメニューをつくろう

　また、LINE と企業が持っているシステムを連携させて LINE ビジネスコネクト内に様々なメニューを用意することによって、ユーザーの行動を後押しすることができます。

　例として、ヤマト運輸は、LINE ビジネスコネクトを再配達依頼や配送状況の確認ができる窓口として活用しています。LINE 上のヤマト運輸のトーク画面を開くとサービスメニューが表示されるようになっており、荷物の配送状況を確認したい場合は、メニューから「荷物問い合わせ」を選びます。質問に従って荷物の送り状番号を入力すると、ヤマト運輸の自社システムから呼び出された配送状況が通知され、ユーザーは LINE 上の会話だけで確認をすることができます（図11）。ヤマト運輸のトークは AI を活用した自動応答となっていますが、その他の企業では、個別相談などに対してオペレーターが手動でレスポンスしている場合もあります。

　自社のサービスにあわせて様々なメニューを設置できるところが、LINE ビジネスコネクトの魅力です。ただ、LINE@では無料プランが用意されているのに対し、LINE ビジネスコネクトは少なくとも月額数十万円の費用がかかりますので、相応の予算が必要です。

140

図11 ヤマト運輸の再配達依頼はLINEビジネスコネクト

トーク画面のサービスメニューから「荷物問い合わせ」を選択

配達状況の確認とお届け日時の変更

宅急便料金の確認

- AIを活用した自動応答＆オペレータによる個別対応が可能
- 再配達依頼、配送状況の確認などができる

出典：ヤマト運輸株式会社
URL http://www.kuronekoyamato.co.jp/ytc/campaign/renkei/LINE/

> CHAPTER 4　消費者とつながる運用方法

No.

09

[Facebookメッセンジャー]

企業サイトでやりとりできる
チャットボットの可能性

　2017年11月にFacebookより、Facebook上の友達と個別メッセージのやりとりができる機能「メッセンジャー」が、Webサイト上でも利用できるようになるとの公式発表がありました。

● メッセンジャー活用のメリット

　企業がメッセンジャーを自社サイトに導入すると、ユーザーはサイト上でメッセンジャーを起動し、サービスの予約や問い合わせなどのやりとりがその場で開始できるようになります（図12）。

　やりとりの履歴はサイトを離れてもメッセンジャーに残るため、その後は企業サイトを訪れなくてもメッセンジャー上でやりとりを進めることができます。このサービスはアメリカで先行して導入されています。

　この他にもイベントの参加予約やホテルの宿泊予約などに活用されています。

　マーケティングイベントの予約に活用されている事例では、ユーザーがメッセンジャーに興味のあるジャンルやテーマを入力すると、それに合ったセミナーをいくつかピックアップして教えてくれ、気になるものがあればそこから予約ができるようになっています。つまり、わざわざWebサイトを訪れてイベントのスケジュールやセミナーの内容を確認しなくても、メッセンジャー上の会話だけで検索から予約までを完結することができるのです。

　今後、これら一連のやりとりでは、自動で会話をしてくれるプログラム（チャットボット）の活用も進んでいくでしょう。

図12 メッセンジャーですぐに問い合わせができる「カスタマーチャットプラグイン」

①ECサイトの画面右下のアイコンをクリックしてメッセンジャーを立ち上げる

ECサイトから、すぐに問い合わせができる

②ECサイトのサポートスタッフやボットとやりとりが可能

③会話の内容はスマートフォンのアプリにも引き継がれる

直接やりとりできる

ECサイトから離れてもコミュニケーションが継続できる

「カスタマーチャットプラグイン」を使うことで、Facebook以外のサイト上でもFacebookのメッセンジャーが閲覧できるようになった

出典：Facebook「Introducing Messenger Platform 2.2: New Customer Chat and Improved Engagement Tools」
URL https://messenger.fb.com/blog/2-2-release/

> CHAPTER 4　消費者とつながる運用方法

広告を配信する前に チェックリストをつくろう

　広告配信は、細かい設定が多く手間もかかります。次のリストは、Facebook広告を配信する際に気をつけておきたいポイントを簡単にまとめたものです。配信前に抜けやもれがないか、ぜひ活用してください（図13）。

図13　配信前チェックリスト

No.	カテゴリー	内　容	チェック欄
1	キャンペーン	広告を配信するFacebookページの管理権限はあるか？	
2		キャンペーンの目的が施策の目的と合っているか？	
3	広告セット	配信場所は決まっているか？	
4		配信スケジュール（期間・時間帯）は決まっているか？	
5		配信ターゲット（エリア、性別、年齢など）は決まっているか？	
6	広告	専用チェックツールにて画像の承認チェックをしたか？	
7		画像がFacebookの規約に違反（性的な表現など）していないか？	
8		テキストやバナーに誤りはないか？	
9		テキストの文字数は適正か？	
10		バナーは適正サイズか？	
11		URLを入れる場合、リンク先は正しく設定されているか？（あるいはリンク先は公開されているか？）	
12		見出しやアクションボタンも設定しているか？	
13		A/Bテストを行えるよう設定しているか？	

※キャンペーン：Facebook広告の目的を「キャンペーン」と呼びます。1つのキャンペーンにつき目的は1つだけ設定でき、目的にあわせて複数の広告セットを作成できます

※広告セット：広告セットとは、予算やターゲット、配信スケジュールなど、配信ルールを設定することを指します

※広告：広告は、ターゲットにあわせたクリエイティブ（バナーやテキスト）を数パターン作成できます

CHAPTER

5

注目を集めるSNS広告

01 SNS広告の基本的な特徴を知ろう
02 設定したKGIやKPIを参考に広告の出稿を検討しよう
03 ついクリックしてしまうSNS広告とは?
04 広告ではこんな失敗に気をつけよう
05 広告運用でもレポートを作成しよう

> CHAPTER 5　注目を集める SNS 広告

No.

01

［各 SNS 広告の特徴］

SNS広告の基本的な
特徴を知ろう

　企業・ブランドの認知度や好感度の向上、フォロワー数の増加など
の KGI・KPI の達成を目指すための手段の1つとして、各 SNS が提供す
る広告の活用も視野に入れておくべきです。SNS 広告は、クリックの
他、フォローや「いいね！」などのアクションに応じて課金されます。

　広告は、Facebook であればニュースフィード上（図1の❶）や
ニュースフィードの右側にあるカラム（図1の❷）などに表示され、
Twitter であればタイムライン上（図2）に、Instagram であれば
フィード上（図3）に表示されるものが主流になっています。

　特に Facebook の広告は、「〇〇さんが『いいね！』しました」という
コメントとともにニュースフィードに表示されるものが主流で、親近感
を持たせやすくなっています。

　Twitter や Instagram 上で広告を出稿する際の基本的な考え方は
Facebook と同じで、目的やターゲット、予算などを設定していきま
す。Twitter の場合は、ターゲットの絞り込み条件に「フォロワーが似て
いるアカウント」や「キーワード」などを設定できることが特徴です。

　Instagram の場合は Facebook の傘下にあるため、Facebook での広
告出稿と同じく Facebook 上で設定をすることができます。ただし、
Instagram のフィードに表示されるコンテンツは、広告であってもビ
ジュアルが重視されます。通常のコンテンツと同様にビジュアルの美
しさや世界観を追求していきましょう。

　どの SNS 広告も、友達との投稿にまぎれるため、自然なかたちで企
業の情報をお知らせすることができる一方、内容次第では邪魔者扱
いされることもあるので、広告のつくり方に注意が必要です。

図1 Facebook広告の特徴

友達が「いいね！」を押しているかどうかがわかる！

友達の投稿が広告と並んでいる

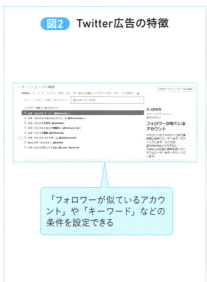

図2 Twitter広告の特徴

「フォロワーが似ているアカウント」や「キーワード」などの条件を設定できる

図3 Instagram広告の特徴

ビジュアルの美しさや世界観が重視される

> CHAPTER 5　注目を集める SNS 広告

No.

02

［SNS広告の出稿］

設定したKGIやKPIを参考に広告の出稿を検討しよう

　SNS広告のメニューには、多数のラインナップが用意されています。例えば、ファンを増やすための広告、「いいね！」やコメント数などのエンゲージメントを増やすための広告、その他、アプリを開発している企業であれば、アプリのインストールを促すための広告が存在します。メニューを選択するために、まずは広告出稿の目的を決めなければなりません。その次に、ターゲットや予算を決めていきます。ここでは、Facebookを例に、広告配信時に設定する項目の内容を簡単に見てみましょう。

　図4の①は、Facebookでの広告配信時に起動する「広告マネージャ」の画面です。まず初めに広告の目的を「ブランドの認知度アップ」「リーチ」など、11種類の中から選びます。

　その次に、ターゲットや予算を決める必要があります。ターゲットは、図4の②のように居住地、年齢、性別などの他、興味・関心の対象や子どもの有無など、かなり詳細に設定できます。CHAPTER 2で解説したペルソナに沿って設定していきましょう。

　さらに、広告の表示場所や予算、掲載期間などを設定していき（図4の③）、最後に形式や広告コンテンツのテキストや画像（クリエイティブ）を用意します。

　SNSの広告メニューは豊富で、キャンペーンのターゲットや予算なども細かく設定できるようになっているので、思い描いたターゲットに届けることが可能です。

　実際に広告出稿を始める前に、出稿する目的やKPI、ターゲット、予算などをあらかじめ決めて準備しておきましょう。

図4 広告出稿の流れ

①広告を出す目的を選択する

②ターゲットを選択する

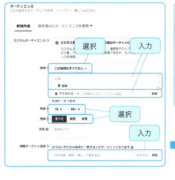

③広告の表示場所や予算、掲載期間を選択する

Facebook広告	SNS広告の中でターゲットの精度が高い （年齢、居住地、ライフイベント、興味、端末、ファンに類似している人など）
Twitter広告	キーワードによるターゲティングが可能。特定のアカウントのフォロワーに似た人をターゲットに設定することが可能
Instagram広告	Facebookの広告マネージャから配信可能。外部URLへの誘導、エンゲージメント、アプリのインストール、ストーリーズなど

> CHAPTER 5　注目を集めるSNS広告

No.
03

［リスティング広告とSNS広告］

ついクリックしてしまう
SNS広告とは？

◉ リスティング広告とSNS広告の違い

　リスティング広告とは、Googleなどの検索エンジンにおいてユーザーがあるキーワードを検索した際に、そのキーワードに連動して検索結果ページに表示される広告のことです（図5）。

　つまり、リスティング広告はユーザーが欲している結果にマッチした広告であるため、ユーザーに能動的な気持ちでクリックしてもらえます。

　一方で、SNSは、友人の投稿を閲覧するために開かれるため、そもそも広告はユーザーに求められているものではありません。そのため、SNS広告は、ユーザーに受動的な気持ちで閲覧され、内容が気になればクリックに至ります。

　すなわち、リスティング広告とSNS広告とでは、ユーザーのクリックの動機が決定的に違うということです。そういった背景を踏まえると、SNS広告を制作する際はユーザーの目に留まり、ユーザーの潜在的な欲求にアプローチできるようなコンテンツを考えるようにしなくてはなりません。

　例えば、図6の広告は、Facebookページのファンを増やすための広告の例です。広告自体が間違い探しになっており、正解はFacebookページで確認できるというちょっとしたゲームになっています。このように、バナーを間違い探しにすることで、「このページに『いいね！』したら面白そう」といった関心をユーザーに持たせることができていると考えられます。

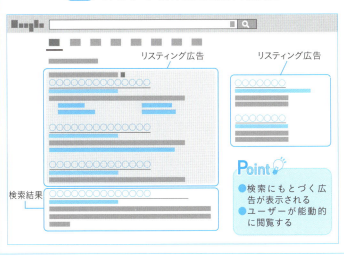

図5 リスティング広告と検索結果の見え方

図6 ダイドードリンコのFacebook広告

出典：ダイドードリンコのFacebookページ
URL https://www.facebook.com/zeitakukoucha/

> CHAPTER 5　注目を集めるSNS広告

No.

04

［SNS広告の失敗パターン］

広告ではこんな失敗に気をつけよう

　広告配信には費用がかかるため、わずかなミスが大きな損失につながってしまうこともしばしばあります。次のよくある失敗をチェックし、ミスのない配信に役立ててください。

● 失敗パターンその1：配信期間の設定ミス

　広告コンテンツの内容と配信されている時期がちぐはぐな広告がたまに見られます。例えば、訴求期間がすでに終わってしまっているキャンペーンの広告（図7）などです。この場合は、広告の配信設定の際に、配信期間を誤って入力してしまったことが原因だと考えられます。他にも、2月14日が過ぎているのにバレンタインの広告が出たり、3月3日が過ぎているのにひな祭りの広告が出たりしてしまうといった失敗もあります。

● 失敗パターンその2：文字数オーバー

　タイトルや本文、リンクの説明などのテキスト入力欄には入力できる文字数に制限があり、文字数がオーバーしてしまうと表示が途中で切れてしまいます（図8）。入力可能な文字数をあらかじめ把握した上でテキストを作成するようにしましょう。

　これらの失敗は、広告配信の担当者とは別にチェックする人を設けることで、防ぐことができます。チェックの担当者には、配信期間が正しいか、文字は切れていないか、URLは正しいか、誤字がないかなどを確認してもらうようにしましょう。

図7 訴求期間が終わってしまっているキャンペーン広告

訴求内容は6月だが、7月に配信されては広告を出す意味がない

図8 文字数がオーバーしている投稿

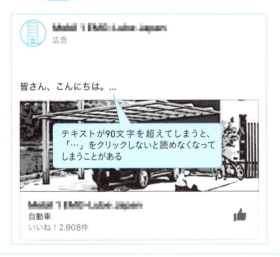

テキストが90文字を超えてしまうと、「…」をクリックしないと読めなくなってしまうことがある

> CHAPTER 5　注目を集めるSNS広告

No.
05

［SNS広告運用レポート］
広告運用でもレポートを作成しよう

　広告運用を始めたら、KPIに沿った効果測定を行い、レポートを作成しましょう。広告運用のレポートにおいても、CHAPTER 3で紹介した自社アカウントの効果測定のレポートと同じように、当月の数値やこれまでの推移などを調べ、どうすればKPIを達成できるのかを考察し、次のアクションを明確にします。

　広告運用におけるレポートフォーマット例を図9に掲載しましたので、参考にしてください。基本的に計測する値も決めておきましょう。SNS広告配信における主なKPIは次のとおりです。

- **CPF（Cost Per Follow／Fan）**
  CPFとは、1ファン（フォロワー）を獲得するためのコストです。ファンやフォロー獲得ごとに課金されますので、全体予算÷フォロー数で算出できます。
- **CPE（Cost Per Engagement）**
  CPEは、エンゲージメント獲得単価です。ユーザーの反応（リツイート、「いいね！」、返信、お気に入り登録、クリックなど）ごとに課金されますので、全体予算÷エンゲージメント数（リツイート、返信、「いいね！」、シェアなど）で算出できます。

　他にも従来のインターネット広告のKPIと同様に、CPC（クリック単価）やCPM（インプレッション単価）、CPA（コンバージョン単価）といったKPIを広告の目的に応じて使い分けます。実際どれぐらいのCPFを目指せばよいかは、156ページをご覧ください。

154

図9　広告運用レポートフォーマット例

株式会社○○社

Facebook広告　結果レポート（12月）
配信期間： 2017/12/11～ 2017/12/20
広告費用： 30,000 円
獲得ファン数（ページの「いいね！」）： 251 人
CPF： 119円

クリエイティブ	セグメント	インプレッション	クリック	CTR
	**地域**：日本 **除外されたつながり**：○○・××に「いいね！」した人を除外 **年齢**：20歳～65+歳 次の条件に一致する人 **趣味・関心**：美容、ショッピングモール、オンラインショッピング、ファッションアクセサリーまたは流行 **行動**：アクションを実行したカスタマー	10,435	445	4.26%

広告費用	CPC	CPM	アクション	ページの「いいね！」	CPF	関連度スコア
30,000円	67円	2,875円	1,800	251	120円	6

Point
- ファン獲得単価やクリック単価など目的に応じてレポートを作成
- どのクリエイティブ、ターゲットがよかったのか一目でわかるとよい

CTR：インプレッションに対するクリック率のこと

> CHAPTER 5　注目を集めるSNS広告

COLUMN　フォロワー1人あたりの獲得コストは？

　KPIから広告予算を考える時、ファン1人あたりにかかるコストを考えるとわかりやすいと思います。

　例えば、広告出稿のKPIを「ファン数を5,000人増加」としたとします。この場合の広告予算は、ファンを獲得するために必要になるコストです。

　ファンを獲得するために必要になるコストは、ファン1人あたりを獲得するのにかかる金額（CPF）×5,000人という計算式から算出できます。CPFは一般的に100円から300円程度が目安とされています。

　上記の計算式にあてはめると、必要な広告予算は次のようになります。

　　CPF×目標ファン数＝必要な予算
　　300円×5,000人＝1,500,000円

　しかし、初めて広告を出稿する際は、例えば予算1万円、掲載期間1か月などの少ない予算と短い期間でテスト配信を行い、自社の広告におけるおおよそのCPFをまず把握してから予算を算出することをおすすめします。

　いくつかのパターンを出稿して成果を比較しながら、パフォーマンスのよいコンテンツを見極めていきましょう。

　他社のCPFやCPEは公開されていないため参考にはできませんが、どうすればCPFやCPEを下げることができるのかを自社で追求することが大切です。

CHAPTER

6

炎上予防と対策

01 炎上はどうして起きるのか？

02 炎上させないためにできること

03 ピンチをチャンスに！ 炎上をプラスに反転する

> CHAPTER 6　炎上予防と対策

No.
01

[炎上のプロセス]

炎上はどうして起きるのか？

　SNSが普及してから、「炎上」という言葉が聞かれるようになりました。炎上とは、SNS上で好意的ではない内容のコメントが殺到し、収拾がつかなくなる状態を指します。よく「炎上が怖いからSNSはやらない」という声を耳にしますが、自社でSNSをやっていなくても炎上の可能性は十分にあります。一般的に炎上はSNS上での企業の失言に対して起こるものだと思われがちですが、実はそれだけではありません。

　あるPC販売店A社が炎上した事例を紹介します。ユーザーが「A社で高額な契約解除料を請求された」という話をTwitterに投稿したところ、多くのリツイートや「自分にも経験がある」などのコメントが集まり、A社への非難がヒートアップしました。A社はTwitterに公式アカウントを持っていないにもかかわらず、たった1人のユーザーの投稿がきっかけで炎上してしまいました。A社のような事例が起こる理由は、SNSがユーザー中心のメディアだからです。

　これは、企業活動を行う上で避けられないといわれる「クレーム」と同じといえるでしょう。ただし、一度火がついてしまうとコントロールが利かなくなってしまうところが、SNSにおける炎上の厄介なところです。

　ただし、発生理由は「従業員によるSNS内外での言動」「企業の広告・宣伝・マーケティング活動」「企業のビジネス活動そのもの」など様々ですが、図1の炎上プロセスのように、だいたい同じような段階を経て拡大します。そのため、当事者がSNSをやっている、やっていないにかかわらず、炎上は誰にでも起こるものだと認識して向き合うことが大切です。

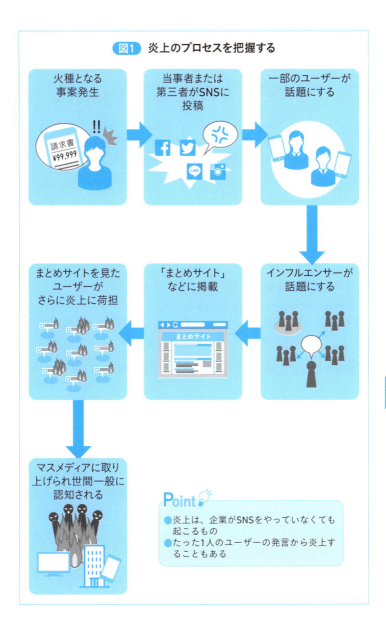

> CHAPTER 6　炎上予防と対策

No.

02

［炎上の予防策］
炎上させないために
できること

　ここからは、炎上の原因を踏まえた上で、予防策を練っていきましょう。予防策は、大きく分けて次の3つです。

①組織で対策すべきこと

・ダブルチェックの体制を検討する

②SNS運用担当者が気をつけるべきこと

・時勢に敏感になる
・触れないほうがよい話題を心得る

③全社員に周知すべきこと

・自社の社員しか知らない情報はSNSでも触れない

　具体的な例を図2の表にまとめましたので、ぜひマニュアルづくりや、体制づくりの参考にしてください。
　また、予防策の他に、組織の中での対応策をあらかじめ決めておくことも重要です。
　万が一炎上してしまった場合であっても、最初にしっかりと体制を確立しておけば、すぐに鎮静化することができます。たとえ緊急時に担当者が不在だった場合でも、慌てずに対応することができるからです。
　具体的な対応策の例はCHAPTER 1の運用マニュアルの例を参考にしてください。

図2 組織、SNS運用担当者、全社員でできる炎上の予防策

■組織で対策すべきこと：ダブルチェックの体制を検討する

・投稿内容が適切かどうかをチェックするために、できるだけ自分1人だけで投稿を完結せず、ダブルチェックの体制を設けるようにする

・発言内容や言葉選びが適切かを見極められる人にチェックを任せる（お客さま対応の経験がある方が望ましい）

・最終的な投稿の責任を負う立場の人を決める

■SNS運用担当者が気をつけるべきこと①
時勢に敏感になる

・投稿内容のタイミングに敏感になりすぎるのも注意が必要。例えば、天気が雨であることを前提とした内容にすると、雨ではない場所にいるユーザーにとってはそぐわないものになる

・テロや災害のあった日の投稿内容は、注意が必要。普段と異なり、倫理的によくないと捉えられるような内容になってしまっていることがある

・世の中の流れに注意したり、過去の炎上事例などに学んだりしながら、できるだけ幅広い可能性を想像する

■SNS運用担当者が気をつけるべきこと②
触れないほうがよい話題を心得る

・人によって思想や立場が異なると考えられる話題は避けるほうが無難。特に考え方に多様性のあるテーマについて偏った意見や情報を述べることは、その企業の代表でもある公式アカウントからは避けたほうがよい。例えば、政治、宗教、経済格差・地域格差などの微妙な話題、スポーツ、スキャンダル、災害に関する話題など

■全社員に周知すべきこと

・SNSに限ったことではなく、社員しか知りえない情報を投稿してしまったり、会社の機密情報を漏えいしてしまったりしないよう、社員教育を徹底することが大切。従業員向けに個人でSNSを利用する際の注意事項などを定めたガイドラインを策定している企業もある

> CHAPTER 6　炎上予防と対策

No.

03

［炎上への対処法］

ピンチをチャンスに！
炎上をプラスに反転する

　CHAPTER 4で紹介した「カスタマーサポート」の事例のように、企業やブランドに対するネガティブな発言をされても、炎上しない企業もあります。

　その違いは、炎上につながりそうなユーザーの投稿を見つけた時に、速やかに対応できるかどうかです。炎上に速やかに対応できれば、ユーザーの評価をマイナスからプラスに変えることができます。

　炎上というとネガティブなイメージがつきものですが、炎上した時にファンが味方になってくれることもあるのです。

　例えば、2016年に自動車業界で「燃費不正問題」が話題となったことがあります。当該企業が批判を浴びる中で、自動車のファンである人たちがTwitter上でハッシュタグ「#頑張れ〇〇（自動車メーカー名）」をつけて、応援する姿も見られました（図3）。

　航空会社で大規模なシステム障害があった時も、「いつも期待以上のサービスをしてくれているから信頼しています。頑張ってください」といった趣旨のコメントが寄せられるといったこともありました。

　このようにSNSではネガティブな情報だけが拡散されるわけではなく、企業やブランドに信頼を寄せるファンからの好意的な投稿も多く見られることも事実です。

　一朝一夕で信頼関係を築くことは簡単なことではありません。しかし、日頃からファンとの良好な関係を築くことで、ファンやユーザーが助けてくれることもあるということも知っておきましょう。

図3 炎上中の車メーカーに対するファンからの投稿

ファンからの応援をあらわす
ハッシュタグ

Point

- ファンだと思われるユーザーから応援ツイートがあった
- フォロワーからの評価が高いと逆境で助けてくれることもある

> CHAPTER 6　炎上予防と対策

COLUMN
加害者や被害者にならないために。フェイクニュースに気をつけよう

　もう1つ、企業アカウントとしても、SNSのいちユーザーとしても気をつけたいことがあります。それは、フェイクニュース、いわゆるデマ情報を拡散しないようにすることです。

　フェイクニュースは、真実の情報と間違えやすいので、善意で拡散してしまう人も多くいます。

　例えば、大地震が起きた際に、Twitter上で「地震の影響で、近所の動物園のライオンが逃げた」という内容が、ライオンが逃げたように見える画像の添付とともに投稿されました。投稿を閲覧した多くの人がその事態を重く捉えて拡散しましたが、のちに嘘の情報だということがわかりました。善意で拡散されたものの、最終的には混乱を招く事態となってしまった例です。

　また、医療に関するネット記事は科学的根拠にもとづかないものもあり、誰かの命に関わる可能性がありますので、うかつに拡散しないようにしましょう。

　企業として間違った情報を拡散してしまうと、炎上につながりかねません。**他人の情報を拡散する前には、必ず事実確認を行うようにすることが大切です。**面白いから、誰かのためになりそうだからとすぐに反応するのではなく、まずはそのニュースが確かなものであるかどうかを見極めてから拡散するようにしましょう。

　反対に、もしも**自社に対するフェイクニュースが流れてしまった時には、公式発表を行って誤った情報であることを明らかにする姿勢も大切です。**たとえフェイクニュースが拡散されていたとしても、同様に企業の発表も拡散される可能性があるため、なるべく早めに公の場で対処していくことを考えましょう。

CHAPTER

7

運用効率を上げる
おすすめツール

01 日々変化する情報をキャッチアップするために

02 運用効率を上げる SNS マーケティングツール

03 時間が足りない時に使えるツール

04 効率よく情報収集して SNS のお手本を見つけよう

> CHAPTER 7　運用効率を上げるおすすめツール

No.

01

［SNS担当者がチェックすべきサイト］

日々変化する情報を
キャッチアップするために

　SNSマーケティングの現場は日々進化しており、絶えず新たなトレンドが生まれ続けています。常に効果的なSNS運用を目指すためにも、新たな情報は定期的にチェックするようにしましょう。
　図1に挙げたチェックすべきサイトを参考にしてください。

◉ SNS運用各社の公式情報

　Facebook、Twitter、Instagram、LINEなどSNS運用各社の公式ホームページや開発者向けページでは、各SNSの最新情報や公式発表が更新されます。

◉ マーケティング業界メディア

　業界メディアでは毎日新たな情報が更新され、SNSについても多くの情報が掲載されています。情報の種類も、SNSに関するニュースや運用事例、ハウツー、カンファレンスレポートなど様々です。

◉ テクノロジー系メディア

　マーケティング関連だけではなく、テクノロジーに関するメディアもあわせてチェックすることで、SNSマーケティングでできることが広がります。

◉ 海外メディア

　世界の最新ニュースや最新テクノロジー、先進的な事例をいち早く知ることができます。

166

● SNSマーケティング関連企業ブログ

SNSマーケティングを強みとする企業のブログにも、様々な最新情報が掲載されています。

● カンファレンス

SNSマーケティングの最新情報や、SNS担当者の生の声が聞けるリアルイベントへの参加も、有効な情報収集方法の1つです。業界メディアにもカンファレンスレポートが掲載される場合がありますが、実際にその場に参加することで、他社のSNS担当者との情報交換や人脈の構築ができるところが魅力です。

図1 **チェックするべきウェブサイトやメディア、カンファレンス**

カテゴリー	媒体名と概要	URL
SNS運営各社の公式情報	Facebook Newsroom Facebook公式ニュースサイト。 アルゴリズム、事例、ユーザー数、開発者向け情報などの最新データが確認できる	https://ja.newsroom.fb.com/
	Facebook for Developers Facebook開発者向けページ。 アルゴリズム、事例、ユーザー数、開発者向け情報などの最新データが確認できる	https://developers.facebook.com/
	Twitter Marketing blog Twitter公式ブログ。 アルゴリズム、事例、ユーザー数、開発者向け情報などの最新データが確認できる	https://blog.twitter.com/official/ja_jp.html
	Twitter Developers Twitter開発者向けページ。 アルゴリズム、事例、ユーザー数、開発者向け情報などの最新データが確認できる	https://developer.twitter.com/
	Instagram Businessブログ Instagram公式ブログ。 アルゴリズム、事例、ユーザー数、開発者向け情報などの最新データが確認できる	https://business.instagram.com/blog/
	Instagram for Developers Instagram開発者向けブログ（Facebookと同じサイト）。 アルゴリズム、事例、ユーザー数、開発者向け情報などの最新データが確認できる	https://www.instagram.com/developer/

> CHAPTER 7　運用効率を上げるおすすめツール

カテゴリー	媒体名と概要	URL
SNS運営各社の公式情報	**LINE AD CENTER** LINE媒体資料一覧。 アルゴリズム、事例、ユーザー数、開発者向け情報などの最新データが確認できる	http://ad-center.line.me/mediaguide/
	LINE Developers LINE開発者向けページ。 アルゴリズム、事例、ユーザー数、開発者向け情報などの最新データが確認できる	https://developers.line.me/ja/
マーケティング業界メディア（テクノロジー系メディア）	**MarkeZine** 翔泳社が運営。デジタルを中心とした広告・マーケティングの専門情報メディア	https://markezine.jp/
	AdverTimes（アドタイ） 宣伝会議が運営。企業のマーケティングやメディア、広報、広告クリエイティブなど、コミュニケーション分野を取り巻くニュースや情報を発信	https://www.advertimes.com/
	Web担当者Forum PC・ITジャンルの専門メディア企業であるインプレスが運営。Webマーケティングやホームページ運営に関する情報を発信	https://webtan.impress.co.jp/
	DIGIDAY［日本版］ アメリカ発のマーケティング、メディア業界の情報メディア。約7割が翻訳記事のため、英語がわからなくても海外情報を仕入れられる	http://digiday.jp/
	ferret メディア事業の他、Webマーケティングツール開発なども行うベーシックが運営。Webマーケティング全般の情報を体系立てて発信	https://ferret-plus.com/
	ITmedia ソフトバンクグループのメディア企業であるアイティメディアが運営。テクノロジー関連のニュースおよび速報を中心に、レビューや特集記事を掲載	http://www.itmedia.co.jp/
海外メディア	**TechCrunch Japan** アメリカ発メディア「TechCrunch」の日本版。スタートアップ企業の紹介や新規プロダクトのレビュー、業界の最新ニュースなどを扱うテクノロジーメディア	http://jp.techcrunch.com/
	AdAge マーケティング、メディア業界の最新ニュースを発信する世界的メディア	http://adage.com/
	Campaign Asia アジア太平洋地域における広告、マーケティング、メディア関連の最新ニュースを発信	http://www.campaignasia.com/
	Social Media Examiner アメリカのSNSマーケティング専門メディア	https://www.socialmediaexaminer.com/

カテゴリー	媒体名と概要	URL
SNSマーケティング関連企業ブログ	**WE LOVE SOCIAL** コムニコが運営するSNSマーケティングに関するブログ。国内外の最新SNSマーケティング情報を発信	https://blog.comnico.jp/we-love-social
	ソーシャルメディアラボ SNSマーケティング支援などを行うガイアックスが運営。SNSの実践的な利用方法などを研究し、発信	https://gaiax-socialmedialab.jp/
	kakeru デジタルマーケティングに関連する総合的な提案を行うオプトが運営。メディアは、ソーシャルメディアと「なにか」をかけ合わせて新しい価値や体験を創造する場と位置づけ、「一次情報」「リアルイベント」「人」に焦点を当てた記事を提供	http://kakeru.me/
	COMPASS InstagramなどのSNSにハッシュタグつきで共有した写真をプリントアウトできるサービス「#SnSnap」を提供するSnSnapが運営。SNSマーケティングとリアルイベントに特化したオウンドメディア	https://compass-media.tokyo/
カンファレンス	**アドテック** 世界の主要都市で開催される、アジア最大級のマーケティング・カンファレンス。日本では、主に東京と関西で開かれる	http://www.adtech-tokyo.com/ja/
	宣伝会議サミット 取り扱うテーマはマーケティング全般にわたる宣伝会議主催のフォーラム。「宣伝会議サミット」の他、「プロモーションフォーラム」など宣伝会議が開催するマーケティング関連のリアルイベントは多数	https://www.senden-summit.jp/
	F8 Facebookの公式カンファレンス。Facebookのキーパーソンが登場し、FacebookやInstagramの開発ロードマップや最新テクノロジー、今後の事業展開などについて話す。まだどこにも露出していない最新情報を入手できるため、FacebookやInstagramにおける今後のマーケティング戦略を考える上では参加にとても意義がある	https://www.f8.com/

> CHAPTER 7　運用効率を上げるおすすめツール

No.

02

[マルチ投稿・分析機能]

運用効率を上げるSNS マーケティングツール

　KGIを達成するためには、ユーザーに喜ばれるコンテンツの企画に時間をかけたいところです。そのためには、事務的な作業にかかる時間の短縮など運用の効率化ができるSNSマーケティングツールの導入がおすすめです。各ツールによって実装されている機能は異なりますが、主にコンテンツ投稿時やレポート集計時の作業負担の軽減、フォロワーによるコメントのモニタリング、その他SNS運用をサポートする便利機能などがあります。

　次に代表的なツールを挙げましたので、ぜひ利用を検討する際の参考にしてください。

- **comnico Marketing Suite（提供：コムニコ）**
  URL ：https://products.comnico.jp/cms/jp
  自社のSNS運用代行サービスで培ったノウハウがツールに反映されているため、使いやすいインターフェースが特徴。対応しているSNSはFacebook、Twitter、Instagram。投稿プレビュー機能や、1クリックでダウンロードできるレポート作成機能が好評（図2）。

- **Engage Manager（提供：トライバルメディアハウス）**
  URL ：http://engagemanager.tribalmedia.co.jp/
  対応しているSNSはFacebook、Twitter、Instagram、LINE、Google+、mixi、YouTubeの7つと多くあるのが特徴で、複数のSNSを管理している場合に強みがある。

- **Social Insight（提供：ユーザーローカル）**
  URL ：http://social.userlocal.jp/
  独自の言語解析エンジンを利用しており、指定したキーワードの

170

口コミ分析に強みがある。競合カウント分析や、フォロワーの属性分析なども充実。主要SNSの他、Pinterest、GREE、ニコニコ動画など幅広く対応。

- **CLOUDPLAY（提供：グローバルリンクジャパン）**
  URL：http://www.cloudplay.jp/
  Googleアナリティクスとの連携によるアクセス解析が特徴。対応SNSはFacebook、Twitter、YouTube。SNSに限らず、オウンドメディアの分析もできる。

- **sprinklr（提供：SPRINKLR INC.）**
  URL：https://www.sprinklr.com/ja/
  Facebook、Twitter、LinkedInの他、22社のSNSを1つのプラットフォームに統合し、一元管理を可能にした海外ツール。顧客管理システムと連携することで、幅広く応用できる。

- **TweetDeck（提供：Twitter）**
  URL：https://tweetdeck.twitter.com/
  Twitterの管理に特化した公式ツール。リストごとに形成したタイムラインを複数並べて閲覧しながら、Twitterと連動した操作を行うことができる。

図2 comnico Marketing Suite 操作画面

> CHAPTER 7　運用効率を上げるおすすめツール

No.
03

［分析ツール・委託ツール・監視サービス］
時間が足りない時に
使えるツール

● 各ツールを使って効率化を図ろう

　SNSマーケティングでより高い効果を出すためには、ユーザーに喜ばれるコンテンツのトレンドや投稿時間による効果の違いなど、様々なデータ分析を行い、その結果を次の施策に役立てていくことも重要です。図3のようなSNSの投稿やアカウントの分析に特化したツールも多数リリースされていますので、検討してみてください。

　また、画像を加工したい時や全国各地の写真素材が欲しい時など、ちょっとしたことを頼みたいけれど人手や時間が足りない時は、クラウドソーシングを活用するのも1つの手です。「クラウドワークス」や「ランサーズ」などのように依頼の受け手となる個人ワーカーと直接やりとりをする形態のサービスもあれば、「HELP YOU」などのように専属スタッフが窓口となってスキルを持った個人ワーカーに案件を振り、進捗管理をしてくれる信頼性の高いサービスもあります（図4）。依頼内容や予算などに応じて依頼先を使い分けるのもよいでしょう。

　そして、いざという時のために、自社にとって問題のある内容の投稿が行われてもすぐに見つけて対処できるよう、監視サービスを活用することをおすすめします。24時間365日体制でSNSをモニタリングしてくれる監視サービスもあります。

　SNS上の投稿やコメントによる自社へのクレームや誹謗中傷などは、炎上の発端となってしまう危険性がありますので、リスク回避のために備えておきましょう。

172

図3 SNSの投稿やアカウントの分析ツール

名　称	概　要	紹介ページ
POST365 （提供：コムニコ） POST 365	約4,000の国内主要ブランドアカウントに対応した投稿検索・分析ツール。 投稿事例の検索やユーザーのリアクション分析を、業界別、投稿時間別などの多様な切り口で行うことができる。対応しているSNSはFacebook、Twitter、Instagram、YouTube	https://products.comnico.jp/post365
クチコミ@係長 （提供：ホットリンク） クチコミ@係長 kuchikomi@kakaricho	Twitterや5ちゃんねる、アメーバブログなど幅広いプラットフォームからデータを収集しているため、膨大な量のデータから口コミの分析が可能	https://www.hottolink.co.jp/service/kakaricho

図4 クラウドサービスツール

名　称	概　要	紹介ページ
クラウドワークス Crowd Works	依頼の受け手となる個人ワーカーと直接やりとりをする形態のサービス	https://crowdworks.jp/
ランサーズ Lancers		https://www.lancers.jp/
HELP YOU hy HELP YOU	専属スタッフが窓口となってスキルを持った個人ワーカーに案件を振り、進捗管理をしてくれる信頼性の高いサービス	https://help-you.me/

> CHAPTER 7　運用効率を上げるおすすめツール

No.
04

［参考になる企業公式アカウント］
効率よく情報収集してSNSのお手本を見つけよう

　コンテンツ発信やユーザーとのコミュニケーションの面などにおいて参考になりそうな企業公式アカウントは、フォローしてチェックしましょう。

　例えば、図5に挙げたTwitterアカウントはユーザーとのコミュニケーションを積極的に行うことで高い人気を得ています。ぜひ参考にしてください。

◉ 時間がない人のためのチェック法

　日々、情報は広く偏りなく仕入れたいところですが、毎日すべてのWebサイトを訪れて更新をチェックするのは大変です。情報を効率よくチェックする機能を使いましょう。例えば、各メディアのメールマガジンに登録し、毎朝配信されるメールから重要だと思われる記事を閲覧したり、指定したキーワードが含まれる検索結果をメールなどで通知するGoogleアラートを利用して更新情報が自動的に送られてくるようにしたりすることが有効です。

　Twitter上でも、フォローしたアカウントをすべて1つのタイムラインでチェックするのは大変なので、「リスト」という機能を使ってテーマごとにタイムラインを分けると効率的に見ることができます。またInstagramでは、見つけたハッシュタグをタップしてフォローできます。ハッシュタグをフォローすると、そのハッシュタグがついた写真や動画がストーリーズ、フィード、プロフィールの「フォロー中」セクションなどに表示されるようになるので、情報収集に便利です。

図5 参考にしたい企業のTwitterアカウント

○ 絶対にチェックしたいおすすめ企業アカウント

	企業名と内容
企業公式アカウント	**シャープ（@SHARP_JP）** 自社の商品情報や豆知識などを気さくな雰囲気で投稿している。ユーザーのコメントに対する返信も積極的に行っており、ユーザーとの近い距離でのコミュニケーションが好評。同様の方向性でアカウント運営を行っている企業は、他にもタニタ、キングジム、タカラトミー、ニッセン、東急ハンズ、井村屋、セガなどがある
	良品計画（@muji_net） 自社商品の使用イメージを10秒前後の動画にまとめ、短い時間で多くの情報が伝わるよう工夫している
	キリンビバレッジ（@kirin_Company） 季節ネタや時事ネタに絡めた商品情報の投稿や、プレゼントキャンペーンなども積極的に行う。キャンペーンの応募方法として、フォローやリツイートなどの機能を活用しているところもポイント

○ フォロワーが多く、ユーザー個人とも会話があるTwitterアカウント

公式アカウント	フォロワー数	URL
スターバックス コーヒー	約4,216,000人	https://twitter.com/Starbucks_J
コカ・コーラ	約837,000人	https://twitter.com/CocaColaJapan
ミスタードーナツ	約702,500人	https://twitter.com/misterdonut_jp/
ハーゲンダッツ	約929,000人	https://twitter.com/Haagen_Dazs_JP
無印良品	約574,000人	https://twitter.com/muji_net
ケンタッキー フライドチキン	約546,500人	https://twitter.com/KFC_jp
モスバーガー	約386,000人	https://twitter.com/mos_burger
サークルK・サンクス	約369,500人	https://twitter.com/circleksunkus
ミニストップ 公式アカウント	約390,000人	https://twitter.com/ministop_fan
サブウェイ	約163,000人	https://twitter.com/subwayjp
吉野家	約98,000人	https://twitter.com/yoshinoyagyudon
森永製菓	約158,000人	https://twitter.com/morinaga_angel
タリーズコーヒー ジャパン株式会社	約136,000人	https://twitter.com/Tullys_jp
ドミノ・ピザ	約70,500人	https://twitter.com/dominos_JP

> CHAPTER 7　運用効率を上げるおすすめツール

○ 商品・サービスに関係ない話もどんどんツイートする運営方針の Twitter アカウント

公式アカウント	フォロワー数	URL
NHK広報局	約2,032,000人	https://twitter.com/nhk_pr
SHARP シャープ株式会社	約440,500人	https://twitter.com/SHARP_JP
セガ公式アカウント	約308,000人	https://twitter.com/SEGA_OFFICIAL
ニッカウヰスキー【公式】	約398,500人	https://twitter.com/nikka_jp
ヴィレッジヴァンガード オンラインストア	210,500人	https://twitter.com/vgvd
ワーナー ブラザース ジャパン	約221,000人	https://twitter.com/warnerjp
株式会社タニタ	約235,500人	https://twitter.com/TANITAofficial
キングジム	約259,000人	https://twitter.com/kingjim
東急ハンズ	約126,000人	https://twitter.com/TokyuHands
ファッション通販の ニッセン	約93,000人	https://twitter.com/nissen
パインアメの 【パイン株式会社】	約114,000人	https://twitter.com/pain_ame
井村屋(株)肉まん	約124,000人	https://twitter.com/IMURAYA_DM
ロフト公式	約65,000人	https://twitter.com/LOFT_Official
山芳製菓株式会社 (わさビーフ)	約54,000人	https://twitter.com/yamayoshiseika

※フォロワー数は2018年1月時点で集計したもの

COLUMN 資格をとってレベルアップしよう！

　一般社団法人SNSエキスパート協会は、SNSマーケティングを安全に、効果的に実施するために、SNSに関する正しい知識を体系的に身につけることのできる検定プログラムを提供しています（図6）。現在用意されている検定プログラムは、「SNSリスクマネジメント検定」と「SNSエキスパート検定（初級・上級）」の2種類。講座を受講して知識を習得後、実施される検定試験に合格すると認定資格が得られます。資格は、履歴書や名刺に記載してスキルの証明とすることが可能です。

　SNSマーケティングはセミナーを受講して断片的に学んでいったり、見よう見まねで試してみたりしながら進めている人も多いかと思いますが、検定プログラムのように体系的に学べる場があることもぜひ覚えておいてください。

図6　一般社団法人SNSエキスパート協会の検定プログラム

出典：一般社団法人SNSエキスパート協会HP
URL https://www.snsexpert.jp/

おわりに

本書を最後までお読みいただきありがとうございました。本書を通じて、SNSはこれまでのマーケティング手段と比べ、大きく異なる点が多々あり、独自のノウハウや考え方が必要であることは、ご理解いただけたかと思います。

◉ コミュニケーションの主導権は生活者に移った

少々古いデータですが、総務省情報通信政策研究所の2009年の発表によれば、生活者が消費できる情報量に対し、流通している情報量はおよそ26,500倍にあたるそうです。

必然的に、生活者はどの情報を消費するかを意識的にしろ、無意識的にしろ、取捨選択しています。

このことは、企業のマーケティング活動に重要な影響をもたらしました。企業の都合で一方的に発信する情報は、生活者に無視され、届かない可能性が非常に大きくなったからです。

ましてや、情報だけでなく、モノやサービスもあふれ、それらの微妙な特徴や新規性に興味を持ってもらうのは非常に困難です。

結局のところ、SNSに限らず、企業は生活者の意向をこれまでとは比較にならないくらいに考慮して、マーケティング活動を行う必要が出てきたといえます。

◉ 生活者に愛されるマーケティングを

皆さんにも、次のような経験があるのではないでしょうか？

- 忙しい仕事中に、どこで知ったのか、携帯電話にいきなり不動産の売り込みの電話がかかってきた
- しばらく家を留守にしていたら、必要のないビラやチラシが大量

に郵便受けに入っていて、迷惑した
- スマホの小さな画面に大きく広告バナーが表示され、間違って押してしまい、見たくもないサイトに連れていかれた

これらは、過去には当たり前のマーケティング活動の一環でした。しかし今では、生活者が悪印象を持つ不愉快な活動になっています。そうした活動を継続することは、もはや企業にとってのリスクです。不愉快な思いをした生活者は、その企業自体のことを嫌いになる可能性が高いからです。

これからのマーケティングは、活動自体が生活者に愛されるものにならなければいけません。徹底的に生活者の立場になって考えるLovable Marketing（愛されるマーケティング活動）こそが、今後のマーケティングに必要な考え方なのです。

SNSはLovable Marketingを実践するのに最適なプラットフォームです。逆にいえば、生活者に嫌われると、広告は非表示にされ、フォローは外され、全くメッセージが届かなくなるシビアな世界です。

しかし、本書を読んだ皆さんなら、愛されるマーケティング活動が実行できるはずです。

本書が皆さんのマーケティング活動の一助になるとともに、愛されるマーケティング活動が広がるきっかけの1つになれば、筆者としてこれに勝る喜びはありません。

最後に、本書の執筆にあたり、株式会社コムニコと一般社団法人ＳＮＳエキスパート協会のメンバーには、多大なる協力をしてもらいました。中でも株式会社コムニコがまだ数名だった頃からのメンバーである本門功一郎君の協力なしには、本書を完成させることはできませんでした。感謝しています。ありがとう。

Glossary | 用語集

RLSA

Remarketing Lists for Search Adsの略。検索広告向けリマーケティングの意。従来の検索広告キャンペーン（検索連動型広告）に対し、リマーケティングで活用しているリストを紐づける。

ROI

Return On Investmentの略。投下した資本がどれだけの利益を生んでいるのかを測る際に使われる基本的な指標。企業の収益力や事業における投下資本の運用効率を示す。ROIは大きいほど収益性に優れた投資案件ということになる。

ROAS

Return On Advertising Spendの略。広告の効果を測る指標の1つで、売上を広告費用で割ったもの。かけた広告費に対して何倍の売上を得ることができたかをあらわすもので、この値が高いほど効果的に広告を出稿できていることになる。

RTB

Real Time Bidding（リアルタイム入札）の略。広告のインプレッションが発生するたびに競争入札を行う仕組みで、プログラマティック広告の代表的な取引形態。SNSにおける広告の入札もRTBが採用されている。

Earned Media

SNSを中心とした外部メディア。商品を売り込むことが目的なのではなく、そこにいるユーザーからの信頼や知名度を「得る」ことが目的とされる。

IoT

Internet of Things（モノのインターネット）の略。様々なモノがインターネットに接続し、相互に通信を行うこと。

アクエディション

「取得」という意味。新規顧客を開拓したり獲得したりすること。

アクセシビリティ

情報やサービス、ソフトウェアなどの利用しやすさ。特に、高齢者や障害者などハンディを持つ人にとって、どの程度利用しやすいかという意味で使われることが多い。

アクセス解析

Webサイト（ウェブページ）への利用者（ユーザー）の訪問履歴（アクセスログ）を解析すること。

アクティブサポート

SNSでも主にTwitterを活用したカスタマーサポートの1つ。企業自らが能動的な直接会話をすることで、ユーザーの疑問や不安、時には不満の問題解決を図る方法。メールや電話等で「問い合わせがあってから対応」する従来の方法と異なる。

アップセル

「ある商品の購入を検討している顧客」に対して「価格や利益率がワンランク上の製品を提案」することで売上向上を目指すこと。

アドホック

特定の調査目的のために、その時ごとにオーダーメイドで設計、実施される単発調査のこと。

アトリビューション分析

コンバージョン（購入や会員登録など）に至るまでの流入元の履歴データを使い、コンバージョンへの貢献度を分析・評価すること。様々な集客経路に対してユーザーは、どのタイミングで、何回経由したかなどを知る分析方法。

アルゴリズム（エッジランク）

SNSにおいて、ニュースフィードやタイムラインに表示される情報はユーザーの興味や関心、友達との関係性などによって表示順序が異なる。Facebook、Twitter、Instagramはそれぞれ独自のアルゴリズムを持つ。計算方法は公開されておらず、常にアップデートを繰り返している。また、エッジランクと通称で呼ばれている。

Instagramインサイト

Instagram独自の分析機能。エンゲージメントの高い投稿やインプレッションなどを把握できる。Instagramアカウントを持つだけでなく、ビジネスプロフィールに設定する必要がある。

インバウンドマーケティング

広告出稿などに頼るのではなく、消費者自身に「見つけてもらう」ことを目的としたマーケティング施策。見込み客に対して有益なコンテンツをネット上

で提供することで、検索結果およびソーシャルメディアで発見されやすくする。

インフルエンサー

世間に大きな影響力を持つ人や物事。特に、インターネットの消費者発信型メディア（CGM）において、他の消費者の購買意思決定に影響を与えるキーパーソンを指す。

インプレッション

Webサイトに掲載される広告の効果を測る指標の1つで、広告の露出（掲載）回数のこと。SNSにおいて、投稿（オーガニック/有料問わず）の閲覧回数を指す。サイトに訪問者が訪れ、広告が1回表示されることを1インプレッションという。impあるいはimpsと略記されることもある。

Webユーザビリティ

Webサイトの使い勝手のよさのこと。そのページを訪れた利用者（ユーザー）がどれだけ快適に操作できるかを意味しており、ページ内の文章やボタン・画像などの各要素のわかりやすさや大きさ・配置、操作の学習しやすさ・覚えやすさ、ページ間移動の効率のよさ、ページの読み込み時間の短さなどの観点から評価される。WebサイトのWebユーザビリティを向上させると、利用者がそのサイトを再訪問する確率を押し上げる他、Webストアでは商品の購入率を上昇させるなどの効果もあるとされている。

AI

Artificial Intelligence（人工知能）の略。人工的につくられる、知的な振る舞いをするコンピュータ。

ABテスト

複数の案のどれが優れているかを、何度も試行して定量的に決定するテスト手法。複数の案のいずれか1つをランダムに選んで実際の利用者に提示し、その際の効果の有無や高低を記録する。これを何度も繰り返し、最も効果の高かったものを最も優れた案として採用する。

SEM

Search Engine Marketingの略。検索エンジンを広告媒体と捉え、それを通じて自社Webサイトへの訪問者を増やすマーケティング手法。

SEO

Search Engine Optimizationの略。日本語では「検索エンジン最適化」。Googleなどの検索エンジンにおいて、特定のキーワードで検索された際に、検索結果ページで上位に表示されるように工夫すること。

SNS

Social Networking Serviceの略。ユーザーが互いに自分の趣味、好み、友人、社会生活などのことを公開し合い、幅広いコミュニケーションを取り合うことを目的としたコミュニティ型のサービスのこと。

NPS

Net Promoter Score（顧客推奨度）の略。顧客のエンゲージメント、またはロイヤルティ（企業やブランドに対する愛着・信頼の度合い）を数値化する指標。

エフェメラル

ストーリーズなど、一定時間で投稿そのものが消える機能を指す。

LTV

Life Time Value（顧客生涯価値）の略。顧客が取引を開始してから終了するまでの間、その顧客がもたらした損益を累計したもの。顧客シェアを計測する指標として考案された。

エンゲージメント

企業や商品、ブランドなどに対して生活者が抱く愛着心や親近感。企業と従業員の相互の深い結びつきを指すこともある。SNSにおいては、ファンやフォロワーからの「いいね！」や「コメント」「リツイート」「リプライ」「クリック」などの何らかの反響を総称することもある。

エンゲージメント率

SNSにおいて、エンゲージメント数をファンやリーチ、インプレッションなどの値で割ったもの。例えばFacebookであれば、「いいね！」数＋コメント数＋シェア＋クリックをした人数で算出。投稿がどれぐらいの反応を得られたのか、ユーザーからの共感や信頼を数値化する。

Owned Media

企業が情報発信に用いる媒体（メディア）のうち、自社で保有し運営・管理している媒体のこと。

オーガニックリーチ

広告以外でニュースフィードやタイムラインに表示された投稿のリーチ。

オーディエンスターゲティング

オーディエンスデータを用いたターゲティングの手法。オーディエンスデータとは、クッキーにもとづいたユーザーの情報を指す。SNS広告におけるオーディエンスは、広告配信の対象者（ターゲット）を指すこともある。

181

オプトアウト

離脱する、脱退する、抜け出る、手をひく、断る、などの意味を持つ英語表現。企業が一方的に送ってくる広告などの受け取りを拒否することや、そのために用意された制度や措置などを意味する場合が多い。

オプトイン

加入や参加、許諾、承認などの意思を相手方に明示すること。個人が企業などに対し、メールなどのメッセージの送信や、個人情報の収集や利用などを承諾する手続きなどを指すことが多い。

オムニチャネル

流通・小売業の戦略の1つで、実店舗、通販カタログ、ダイレクトメール、オンライン店舗（ECサイト）、モバイルサイト、SNS、コールセンターなど、複数の販売経路や顧客接点を有機的に連携させ、顧客の利便性を高めたり、多様な購買機会を創出したりすること。元は流通・小売業から始まったが、メーカーやサービス業などにも広まりつつある。

カスタマージャーニー

一言でいうと「顧客が購入に至るプロセス」のこと。特に、顧客がどのように商品やブランドと接点を持って認知し、関心を持ち、購買意欲を喚起されて購買や登録などに至るのかという道筋を旅にたとえ、顧客の行動や心理を時系列的に可視化したものを「カスタマージャーニーマップ」と呼ぶ。

カンバセーションマーケティング

企業がブログやSNSを通じて、企業とユーザーまたはユーザー同士で商品やサービスについて会話や意見交換を行い、関係性を構築し、企業への信頼感を高め、ブランドロイヤルティを強めていくためのマーケティングのこと。

機械学習

コンピュータが、大量のデータをアルゴリズムにもとづいて反復的に学習してパターンを見つけ、新たなデータを自律的に分析し、予測すること。

キュレーション

様々な情報を整理したり、特定のテーマに沿って情報をつなぎ合わせたりして新しい意味を持たせること。

Google Trends

Web検索において、特定のキーワードの検索回数が時間経過に沿ってどのように変化しているかをグラフで参照できるGoogleサービスの名称。Googleトレンドに任意のキーワードを入力して検索を行うと、そのキーワードが過去にどの程度検索されたのかについて、指数をあらわす線グラフで参照することができる。

クラスター分析

異なる性質のものが混ざりあっている集団（対象）の中から、互いに似たものを集めて集落（クラスター）をつくり、対象を分類する方法。マーケティングリサーチにおいては、ポジショニング確認を目的としたブランドの分類や、イメージワードの分類、生活者のセグメンテーションなどに用いられる。

クリック単価

1クリック（サイトへの1アクセス）を獲得するのにかかるコストのこと。CPC（Cost Per Clickの略）ともいう。

クローラー

Googleなどのロボット型検索エンジンがWeb上のファイル（HTML文書だけでなく、画像・PDFまで含む全般）を収集するためのプログラムのこと。クローラーによって収集されたデータがインデックス化され、巨大な検索データベースが作成される。

クロスセル

ある商品を購入したり購入しようとしたりしている顧客に対して別の商品をすすめるマーケティング手法。すすめる商品は関連性が高かったり、同時に購入すると割引になったりするような商品であることが多い。

KGI

Key Goal Indicatorの略。組織やプロジェクトが達成すべき目標を定量的な指標であらわしたもの。抽象的な理念や目的のようなものではなく、「いつ、どの指標がどのレベルに到達したら目標達成と見なすのか」を定義したもの。日々の進捗を測る指標としてKPIが併用されることが多い。

KPI

Key Performance Indicatorの略。日本語では「重要経営指標」「重要業績指標」などと訳される。KGIを達成するために取り組むべき、個々の目標数値。

検索連動型広告

インターネット広告の一種で、検索エンジンで一般ユーザーが検索したキーワードに関連した広告を検索結果画面に表示する（テキスト形式）。

コンタクトセンター

企業の中で、顧客対応を行う部署。もともとは電話が中心だったのでコールセンターと呼ばれていたが、ネット化する中でメールやチャットなど、様々な顧客からのアクセスに対応することから、最近ではコンタクトセンターと呼ばれている。

コンテンツマーケティング

見込み客や顧客にとって価値のあるコンテンツを提供し続けることで、興味・関心をひき、理解してもらい、結果として売上につなげるマーケティング手法のこと。継続的に訪問したくなるコンテンツ戦略で、ブランドロイヤルティを向上させる力がある。ブログ、ポッドキャスト、動画、オンラインセミナー、PDF形式の小冊子、ホワイトペーパーなど、顧客が読みたくなるコンテンツを作成していくことが重要。

コンバージョン

ネット広告の分野では、広告や企業サイトの閲覧者が、会員登録や資料請求、商品購入など企業の望む行動を起こすことをいう。「単なる訪問者から会員や（見込み）顧客への転換」という意味合いがある。

CRM

Customer Relationship Managementの略。主に情報システムを用いて顧客の属性や接触履歴を記録・管理し、それぞれの顧客に応じたきめ細かい対応を行うことで長期的で良好な関係を築き、顧客満足度を向上させる取り組み。また、そのために利用される情報システムのこと。

CTR

Click Through Rateの略。インターネット広告の効果を測る指標の1つ。広告がクリックされた回数を、広告が表示された回数で割ったもの。クリック率と同じ意味。

CTA

Call To Actionの略。日本語では「行動喚起」。Webサイトの訪問者を具体的な行動に誘導すること。もしくは、具体的な行動を喚起する、Webサイト上に設置されたイメージやテキストのこと。

CPE

Cost Per Engagementの略。SNS広告配信料金の単位の1つで、エンゲージメント1回あたりの料金。SNS上で配信した広告による投稿が「いいね！」やコメントやクリックされるとCPE1回分の料金が発生する。

CPA

Cost Per Acquisition / Cost Per Actionの略。広告単価の指標で、顧客獲得（acquisition）1人あたりの支払額。または、何らかの成果（action）1件あたりの支払額。

CPF

Cost Per FanまたはFollowerの略。SNS広告配信料金の単位の1つで、フォロワー1人獲得あたりの料金。SNS上で配信した広告を見てFacebookページのファンになったり、公式アカウントがフォローされたりするとCPF1回分の料金が発生する。

CPM

Cost Per Milleの略（Milleはラテン語で1,000を意味する）。つまり、1,000インプレッションあたりの広告単価。広告がクリックされた回数に関係なく1,000回のインプレッションに対して課金される。

CPC

Cost Per Clickの略。ネット広告掲載料金の単位の1つで、クリック1回あたりの料金。Webページやメールに掲載したテキスト広告やバナー広告などがクリックされ、顧客サイトに訪問者が訪れるとCPC1回分の料金が発生する。

CVR

Conversion Rateの略。企業Webサイトの訪問者数に対する、そのサイトで商品を購入したり会員登録を行ったりした人の割合。Webサイトの投資対効果を測る上で重要な指標である。

SIPS

「共感する（Sympathize）」→「確認する（Identify）」→「参加する（Participate）」→「共有 & 拡散する（Share & Spread）」の頭文字をとったもの。企業のコミュニケーション・プランニングなどにおいて、ソーシャルメディアを積極的に利用している生活者を考える上での概念。

スタンプ

SNSやメッセージングアプリ等で使われるイラストを指す。ユーザー同士で相槌を打ったり、感情表現したりできる。企業がスポンサーとなって公式スタンプをつくることも可能。

ステークホルダー

企業などが活動する上で何らかの関わりを持つ人物や団体などのこと。直接的には株主や債権者、従業員、取引先、顧客、監督官庁などを指すが、事業内容などによっては地域住民や国民、投資家など広い範囲が対象に含まれる場合もある。

ストーリーズ

FacebookやInstagramにおいて、24時間だけ公開される機能。動画やライブ配信、顔認識機能によるフェイスフィルター等の機能がある。

セッション

期間内の合計訪問セッション数。セッションはユーザーがサイト接触している状態を指す。同一人物が別々の日に10回サイトに訪れたら10セッションとなる。

遷移率

複数にわたるWebページの起点から終点までの到達率。どの段階でユーザーに離脱されているのか、ボトルネックを特定する際に利用する。

ソーシャルアド／SNS広告

SNSなどのソーシャルメディアにおいて、ユーザー同士のつながり（ソーシャルグラフ）を情報として取り込んだ上で表示される広告のこと。Twitterではプロモ商品、LINEではLINE Ads Platformなどと呼ばれる。

ソーシャルグラフ

Web上での人間の相関関係や、そのつながり・結びつき。

ソーシャルメディア

インターネット上で展開される情報メディアのあり方で、個人による情報発信や個人間のコミュニケーション、人の結びつきを利用した情報流通などといった社会的な要素を含んだメディアのこと。利用者の発信した情報や利用者間のつながりによってコンテンツをつくり出す要素を持ったWebサイトやネットサービスなどを総称する用語。

ソーシャルリスニング

ソーシャルメディア上で人々が日常的に語っている会話や、自然な行動に関するデータを収集し、業界動向の把握やトレンド予測、自社・ブランド・商品に対する評価・評判の理解や改善に生かすこと。

ダイレクトマーケティング

顧客と個別・直接的な双方向コミュニケーションを行い、相手の反応を測定しながら、ニーズや嗜好にあわせて顧客本位のプロモーションを展開していくマーケティング方法。データベースマーケティング、インターネットマーケティング、CRM（顧客関係管理）、One to Oneマーケティングなど、今日でも重視されるマーケティング手法のベースとなっている。

タグづけ

SNSで自分の投稿に友達を関連づけることができる機能。Facebookにおいては、タグづけされた友達の友達のニュースフィードに表示されることがある。表示公開範囲を設定できる。

チェックイン

SNSにおいて、ユーザーがいる場所や位置情報を共有できる機能。お店や駅、公園やイベントなど様々な位置情報にチェックインできる。チェックインできる場所をスポットと呼ぶこともある。

直帰率

1ページしか閲覧されなかったセッション（ユーザーが閲覧を始めたページから他のページに移動することなくサイトを離脱したセッション）の割合。直帰率が高いと訪問者を次ページへうまく誘導できていないことになり、改善対象ページとして扱われる。

ツイート

ツイッターにおける投稿のこと。つぶやきと呼ばれることが多い。

Twitterアナリティクス

Twitter独自の分析機能。エンゲージメントの高いツイートやインプレッションなどを把握できる。Twitterアカウントを持つと誰でも閲覧できる。

DM

個々人あるいは法人宛てに商品案内やカタログを送付する方法による宣伝（販促）手段、あるいは営業支援の仕組み。

ディープラーニング

機械学習の一種。深層学習ともいう。人間の脳神経回路を真似たニューラルネットワークを何層にも重ねた状態で学習すること。

ディスプレイ広告

Web広告の形式の一種で、Webページの一部として埋め込まれて表示される、画像やFlash、動画などによる広告。画面上部などに表示される縦長の画像広告を特に「バナー広告」という。

定性データ

数値化が不可能な文章や画像、音声などの形式をとるデータのこと。定性情報とも呼ぶ。例えば、顧客の生の声などが挙げられる。

定量調査

選択肢回答形式のアンケート調査などで取得したデータを数値化して分析する手法。数値化された情報がもとになるため、全体の構造や傾向が把握しやすい。

データドリブン

効果測定などで得られたデータをもとに、次のアクションを起こしていくこと。

データベースマーケティング

顧客の属性や過去の購買傾向をデータベースに記録して区分し、それぞれの顧客に合ったサービスを提供するマーケティング手法。顧客情報を登録したデータベースの構築と、その分析の2つの段階からなる。

データマイニング

データベースに蓄積されている大量のデータから、統計や決定木などを駆使して、マーケティングに必要な傾向やパターンなどの隠された規則性、関係性、仮説を導き出す手法のこと。

テキストマイニング

定型化されていない文章の集まりを自然言語解析の手法を使って単語やフレーズに分割し、それらの出現頻度や相関関係を分析して有用な情報を抽出すること。

デモグラフィック属性

人口統計学的な特徴をあらわす情報・データ。例えば、性別、年齢、未既婚、家族構成、世帯収入、個人収入、職業など。

動的検索広告

リスティング広告のようにキーワードを登録するのではなく、広告主のWebサイトを設定するだけでAdwordsのシステムがWebサイトを分析し、広告配信すべきキーワード、ランディングページ、広告見出しを抽出し、自動的に広告配信をする広告のこと。この広告により、キーワードとWebサイトの抜けやもれを防ぎ、広告主の機会損失を防ぐことが可能となる。

TrueView

Googleが運営するYouTube内で展開される動画広告のフォーマットの名称。

トーク

LINEにおいて、友だちと会話するための場。第三者から閲覧されない。複数人のグループをつくることも可能。

友達／友だち

FacebookやLINE上でつながっている連絡先のことを指す。Facebookは"友達"、LINEは"友だち"と表記される。

トラッキング

アクセス解析に利用するサイトへの訪問者の情報を取得するために各ページに埋め込んでおくコード。Googleアナリティクスのトラッキングコードの場合は、訪問者がどこから来たのか、どのような検索キーワードを使ったのか、どのようなOSやブラウザを使っているのかという情報に加え、サイト内でどのページからどのページに移動し、最終的にどのページから出たのかまでが追跡できるようになっている。

トリプルメディア

3つのマーケティングチャネルを整理したフレーム。3つのメディアとは、オウンドメディア（Owned Media）、アーンドメディア（Earned Media）、ペイドメディア（Paid Media）のこと。

ニュースフィード／タイムライン

SNSにログインした時に最初に表示される画面で、フォローしている人やアカウント、ページなどの投稿が表示される場。表示順序は各社のアルゴリズムによる。タイムラインと呼ばれることもある。

ネイティブアド

ユーザーがいつも使っているメディアもしくはサービスの中で、自然になじむデザインや、機能で表示されるペイドメディアの一種。

バイラル／バイラル・マーケティング

口コミを利用し、低コストで顧客の獲得を図るマーケティング手法。情報の広まり方がウイルスの感染に似ていることから、「ウイルス性の」という意味の「バイラル」の名を冠している。

バックエンド

ユーザーや他のシステムから見えないところでデータの処理や保存などを行う要素のこと。エンジニアやデベロッパーと呼ばれる人の活躍の場。Perl、PHP、Ruby、Java、Pythonなどのプログラミング言語が用いられる。データベースの管理システムなどがこれにあたる。逆にユーザーなどと直接やりとりする要素のことを「フロントエンド」と呼ぶ。

ハッシュタグ

「#」記号と、文字や半角英数字で構成される文字列のことを Twitter 上ではハッシュタグと呼ぶ。発言内に「#○○」と入れて投稿すると、その記号つきの発言が検索画面などで一覧できるようになり、同じイベントの参加者や、同じ経験、同じ興味を持つ人の様々な意見が閲覧しやすくなる。

ハッシュタグフォロー

Instagramにおいて、ハッシュタグをフォローできる機能。ハッシュタグがついている投稿の人気投稿（ユーザーの興味・関心によって異なる）やストーリーズの投稿が閲覧できる。

バナー

もともとは垂れ幕を意味し、Webサイト上に表示される広告画像のこと。駆け出しWebデザイナーはこのバナー画像制作の仕事を任せられることが多いらしい。バナーのサイズは様々で、Google Adsenseの推奨するサイズにあわせるのが一般的。

BtoC

Business to Consumer／Customerの略。企業と個人（消費者）間の商取引、あるいは、企業が個人向けに行う事業のこと。消費者向け事業が主体の企業のことをBtoC企業と呼ぶことがある。

BtoB

Business to Businessの略。企業間の商取引、あるいは、企業が企業向けに行う事業のこと。企業向け事業が主体の企業のことをBtoB企業と呼ぶことがある。

BtoBtoC

Business to Business to Consumerの略。他の企業の消費者向け事業を支援・促進するような事業、あるいは、他の企業から仕入れた商品を消費者に販売する事業を指す。その取引や事業そのものは企業間で行われるが、全体としては顧客企業の消費者向け事業の一部になっているようなものや、企業と消費者の仲立ちとなって取引を仲介・媒介するような事業のことを意味する。

ビジネスコネクト

LINEユーザーのデータと企業のシステムの顧客情報等を連携させるための法人向けサービス。投稿を一斉配信するのではなく、1 to 1や双方向のコミュニケーションなど、様々なやりとりが可能になる。

ビジネスプロフィール

Instagramにおいて、アカウントのエンゲージメントやインプレッションを見る際に必要なビジネス利用向けのアカウント設定のこと。利用するにはFacebookページが必要。

ファーストビュー

Webの分野では、閲覧者がWebページを開いた際に、最初に表示される領域のことを指す。スクロールなどの操作をしなくても見ることができる範囲で、最も重要な内容を配置すべきとされる。

ファン

SNS上である公式アカウントをフォローすることや、公式ページに「いいね！」している人たちのこと。ファンになってもらうことで、そのページの投稿を閲覧できるようになる機能や仕組み。単に企業やブランドのファンをあらわすこともある。

Facebookインサイト

Facebookが提供しているFacebookページ分析の機能。ファンの属性や、投稿ごとのリーチ、エンゲージメントなどを確認できる。ページの管理権限を持つユーザーのみが閲覧可能。

フォロワー

TwitterをはじめとするSNSにおいて、特定のユーザーの更新状況を手軽に把握できる機能設定を利用し、その人の活動を追っている者のこと。

フラッシュマーケティング

Webマーケティング手法の一種で、期間限定で、割引価格などの特典がついた商品を販売する方式のことである。特に、クーポンを販売する共同購入サービスを指すことが多い。

プラットフォーム

あるソフトウェアやハードウェアを動作させるために基盤となるハードウェアやOS、ミドルウェアなどのこと。また、それらの組み合わせや設定、環境などの総体を指すこともある。

ブレインストーミング

数名ごとのチーム内で、1つのテーマに対しお互いに意見を出し合うことによってたくさんのアイディアを生産し、問題の解決に結びつける創造性開発技法のこと。

Paid Media

企業が広告枠を購入して利用するメディアを指す。テレビ・ラジオ・雑誌・新聞の4大メディアによる広告や、スポーツやイベントなどのスポンサー契約により、製品やサービスを不特定多数の消費者へ認知させることが最大の目的となる。Web上では、バナー広告やリスティング広告などがその役割を担っている。

ペルソナ

企業が提供する製品・サービスにとって、最も重要で象徴的なユーザーモデル。氏名、年齢、性別、居住地、職業、勤務先、年収、家族構成といった定量的なデータだけではなく、その人の生い立ちから現在までの様子、身体的特徴、性格的特徴、人生のゴール、ライフスタイル、価値観、趣味嗜好、消費行動や情報収集行動などの定性的データを含めて、あたかも実在するかのような人物像を設定する。

ボット／チャットボット

Twitterであれば、自動ツイートやあるキーワードに反応してリプライをするシステム。FacebookメッセンジャーやLINEなどではチャットボットとも呼ぶ。予約や申し込みなど様々なシステムを組むことができる。語源はロボットからきている。

ホワイトペーパー

メーカーなどが、自社商品やその関連技術の優位性を訴えるために発行するもの。市場環境や技術動向の分析、導入事例やベストプラクティスの解説、他

社製品との詳細な比較などをまとめた文書であることが多い。

メッセージ／ダイレクトメッセージ

FacebookやTwitter、Instagramなどで、会話の内容を第三者に公開されないプライベートなメッセージを送信できる機能。Facebookの場合はメッセージグループをつくることも可能。

UU

Unique User（ユニークユーザー）の略。ある期間内において、同じWebサイトにアクセスしたユーザーの数のこと。ユニークユーザーの指標では、期間内に同じユーザーが何度訪れても、まとめて1回の訪問としてカウントするため、サイト利用者の正味人数を計測することができる。

リーチ

SNSではある投稿が、インターネット広告においては、特定の広告が何人に配信されたかをあらわす指標。全ユーザー数に対する割合で表現されることもある。

リードタイム

発注から納品までに必要な時間。開発リードタイム、調達リードタイム、生産リードタイム、配送リードタイムに分解される。オペレーション品質を測定する4つの指標（スピード、正確性、コスト、継続性）のうちスピードを測る上での指標として使われる。

リスティング広告

検索エンジンなどの検索結果ページに掲載される広告。特に、検索語と関連性の高い広告を選択して表示する広告。検索結果の表示にあわせ、テキスト広告となっていることが多い。

リターゲティング

行動ターゲティング広告の1つで、検索サイトやバナー広告などから訪れた訪問者のその後の行動を追跡し、再度表示させる広告。訪問者の行動に応じて興味の対象を絞り込み、効果的な広告を打てるため、通常のバナー広告よりもクリック率やコンバージョン率が高くなる。

リダイレクト

プログラムの入力元や出力先を通常とは違うものに変更すること。MS-DOSやUNIXで採用された機能で、WindowsではMS-DOSプロンプト（コンソールアプリケーション）で利用できる。OSにリダイレクト機能が用意されていれば、その上で動作するプログラムには複数の入力元や出力先に対応させる処理を埋め込まずに済む。このため、プログラム開発の負担が軽減でき、プログラムの再利用性も高まる。

離脱率

Webページのアクセス指標の1つで、そのページのページビューに対する、そのページを最後に別のサイトへ移動した人の割合のこと。サイトの訪問者全体に対する割合とする場合もある。離脱率が低いと訪問者を次ページへ誘導できているということであり、よいページとされる。

リツイート／RT

他の誰かのツイートを、自分のタイムラインで再度ツイートすること。

リッチ広告

リッチメディア広告とも呼ばれる。インターネット上の広告に、音声や動画を用いたり、ユーザーからの応答を受け付けられる仕組みを付加したりしたもの。

リッチコンテンツ

データ量の少ない文字や静止画だけでなく、音声や動画など様々なメディアの情報を統合して扱うこと。ユーザーの操作によって表示情報が変わるなど、インタラクティブ性を持っていることも多い。

リテンション

既存顧客との関係を維持していくためのマーケティング活動。既存顧客のニーズを吸収し、他の製品やサービスの案内を行うなどの方法で、定期的に既存顧客との接点を持つ。

リフト率

データマイニングの際の相関分析の指標の1つで、ある関連購買傾向の比率をあらわす。

リプライ／リプ／返信

特定のユーザー名(@ユーザー名)から始まるツイートをリプライという。つまり、そのユーザー宛のツイート。

リマーケティング

サイトから去ってしまった人を追いかけていく広告。Cookie（クッキー）を訪問履歴の把握に利用する手法。

利用規約

SNSの利用者向けと企業向けに定められているルールの総称。ガイドラインとも呼ばれることがある。広告配信やキャンペーンなど企業向けのルールが多く、違反するとページの一時利用停止などのペナルティを受けることもある。

Index | 索引

【英数字】

AdAge ･････････････････････ 168
AdverTimes（アドタイ）････････････ 168
Campaign Asia ････････････････ 168
CLOUDPLAY ･････････････････ 171
comnico Marketing Suite ･･････････ 170
COMPASS ･･････････････････ 169
CPA ･･････････････････････ 154
CPC ･･････････････････････ 154
CPE ･････････････････ 154, 156
CPF ･････････････････ 154, 156
CPM ･･････････････････････ 154
CTR ･･････････････････････ 155
DIGIDAY［日本版］･･････････････ 168
Engage Manager ･･････････････ 170
Facebook Newsroom ･･･････････ 167
Facebook for Developers ･･････ 117, 167
Facebook インサイト ････････････ 098
Facebook エンゲージメント率 ･･･････ 106
Facebook 広告 ･･････････ 144, 146
Facebook 活用法 ･･･････････････ 040
Facebook のアルゴリズム ･････････ 066
ferret ･････････････････････ 168
F8 ･･･････････････････････ 169
Google アナリティクス ･･････ 050, 171
HELP YOU ･･････････････････ 172
Instagram Business ブログ ･･･････ 167
Instagram for Developers ･･･････ 167
Instagram インサイト ･･････････ 104
Instagram 活用法 ･･･････････････ 044
Instagram のアルゴリズム ･･･････ 068
Instagram のエンゲージメント率 ･･･ 108
Instagram 広告 ･･･････････････ 146
ITmedia ･･･････････････････ 168
kakeru ･････････････････････ 169
KGI ･･････････ 030, 032, 034, 120, 148
KPI ･･･････････ 030, 032, 034, 036,
　　　　　　　096, 110, 148, 154
LINE @ ･･････････････ 046, 056, 140

LINE AD CENTER ･･････････････ 168
LINE Developers ･･････････････ 168
LINE LIVE ･･･････････････ 046, 090
LINE 活用法 ･･･････････････････ 046
LINE ビジネスコネクト ･･･････ 046, 140
LTV ･･････････････････ 017, 033
MarkeZine ･･････････････････ 168
mixi ･･････････････････････ 058
NPS ･････････････････ 017, 033
OGP ･･････････････････････ 116
POST365 ･･･････････････････ 173
Questant ･･･････････････････ 120
SNS 運用各社の公式情報 ･････････ 166
SNS エキスパート検定 ･････････････ 177
SNS の情報拡散力 ･･･････････････ 012
SNS のマーケティング力 ･･･････････ 014
SNS の利用時間 ･･･････････････ 010
SNS の利用者 ･･･････････ 010, 015
SNS マーケティング関連企業ブログ 167
Social Insight ･･･････････････ 170
Social Media Examiner ･････････ 168
sprinklr ･････････････････････ 171
SurveyMonkey ･･･････････････ 120
TechCrunch Japan ･･･････････ 168
TweetDeck ･････････････････ 171
Twitter Developer ･･･････････ 167
Twitter Marketing blog ･･･････ 167
Twitter アナリティクス ･･････ 042, 102
Twitter 活用法 ･･･････････････ 042
Twitter 広告 ･･･････････････ 146
Twitter のアルゴリズム ･･････････ 068
Twitter のエンゲージメント率 ･･････ 108
Web 担当者 Forum ･･････････････ 168
WE LOVE SOCIAL ･･･････････ 169
YouTube ･･･････････････ 058, 088

【あ】

アメーバブログ ･･････････････ 058, 173
アクション数 ･･･････････････････ 097

アクション率 ……………………… 097
アドテック ………………………… 169
アルゴリズム ……………… 066, 116, 167
アンバサダー …………………… 136, 138
委託ツール ………………………… 172
インスタ映え ……………………… 092
インフルエンサー …… 016, 033, 058, 159
インプレッション数 ‥034, 037, 042, 102
運用ポリシー …………………… 031, 052
運用マニュアル ………………… 031, 054
エンゲージメント ………… 066, 071, 106
エンゲージメントランク …………… 070
エンゲージメント率 ‥060, 106, 110, 122
炎上 ………………………………… 158
炎上の予防策 ……………………… 160

【か】
海外メディア ……………………… 166
ガイドライン …………………… 128, 134
カスタマーチャットプラグイン ……… 143
画像サイズ ………………………… 112
カルーセル ………………………… 041
監視サービス ……………………… 172
カンファレンス …………………… 167
企業公式アカウント ……………… 174
キャンペーン ………… 128, 130, 132, 144
キャンペーン企画 ………………… 086
競合他社と比較する計算式 …………… 111
クチコミ＠係長 …………………… 173
口コミリーチ率 …………………… 097
クラウドワークス ………………… 173
クリエイティブ …………………… 144
効果測定 ………………… 035, 096, 130
広告セット ………………………… 144
広告の出稿 ………………………… 148
広告マネージャ …………………… 148
購買行動モデル ………………… 016, 033

【さ】
サムネイル ………………………… 116
シェア機能 ………………………… 012
重要業績評価指標 ………………… 30
重要目標達成指標 ………………… 30

消費者アンケート ……………… 032, 120
スタンプ …………………………… 046
ストーリー ……………………… 028, 040
ストーリーズ ……………… 028, 044, 068
宣伝会議サミット ………………… 169
ソーシャルメディアラボ …………… 169
ソーシャルリスニング …………… 016, 033

【た】
ターゲティングメディア …………… 014
態度変容 …………………………… 026
タイムライン ………… 028, 040, 046, 068
タグる ……………………………… 018
チャットボット …………………… 142
テクノロジー系メディア …………… 166
投稿の効果測定 …………………… 096
トーク ……………………………… 046
動画 ………………………………… 088

【は】
ハイライト ………………………… 068
ハッシュタグ ………… 018, 080, 086, 092
ビジネスプロフィール ……………… 104
ファンへのリーチ率 ……………… 097
フィリップ・コトラー ……………… 002
フェイクニュース ………………… 164
フォロワー数 …………………… 026, 084
分析ツール ………………………… 172
ペルソナ ………………… 030, 048, 062

【ま】
マーケティング業界メディア ………… 166
メッセンジャー …………………… 142

【ら】
ライブ配信 ……………………… 064, 090
ランサーズ ………………………… 173
リーチ数 ………………………… 035, 097
リスティング広告 ………………… 150
リツイート ………………………… 042
リンク …………………………… 112, 116
レポートの作成 …………………… 096

本書内容に関するお問い合わせについて

このたびは翔泳社の書籍をお買い上げいただき、誠にありがとうございます。弊社では、読者の皆様からのお問い合わせに適切に対応させていただくため、以下のガイドラインへのご協力をお願い致しております。下記項目をお読みいただき、手順に従ってお問い合わせください。

●ご質問される前に

弊社Webサイトの「正誤表」をご参照ください。これまでに判明した正誤や追加情報を掲載しています。

正誤表　http://www.shoeisha.co.jp/book/errata/

●ご質問方法

弊社Webサイトの「刊行物Q&A」をご利用ください。

刊行物Q&A　http://www.shoeisha.co.jp/book/qa/

インターネットをご利用でない場合は、FAXまたは郵便にて、下記"翔泳社 愛読者サービスセンター"までお問い合わせください。
電話でのご質問は、お受けしておりません。

●回答について

回答は、ご質問いただいた手段によってご返事申し上げます。ご質問の内容によっては、回答に数日ないしはそれ以上の期間を要する場合があります。

●ご質問に際してのご注意

本書の対象を越えるもの、記述個所を特定されないもの、また読者固有の環境に起因するご質問等にはお答えできませんので、予めご了承ください。

●郵便物送付先およびFAX番号

送付先住所　〒160-0006　東京都新宿区舟町5
FAX番号　　03-5362-3818
宛先　　　　(株)翔泳社 愛読者サービスセンター

※本書に記載されたURL等は予告なく変更される場合があります。
※本書の出版にあたっては正確な記述につとめましたが、著者や出版社などのいずれも、本書の内容に対してなんらかの保証をするものではなく、内容やサンプルに基づくいかなる運用結果に関してもいっさいの責任を負いません。
※本書に記載された内容はすべて著者の個人的な見解に基づいたものであり、特定の機関、組織、グループの意見を反映したものではありません。また、本書に掲載されている情報の利用によっていかなる損害が発生したとしても、著者並びに出版社は責任を負いません。
※本書の内容は、2018年1月15日現在の情報にもとづいています。
※本書では™、®、©は割愛しています。

著者紹介

林 雅之（はやし・まさゆき）
株式会社コムニコ 代表取締役社長
一般社団法人 SNS エキスパート協会 理事
株式会社エル・エム・ジー 代表取締役社長

立命館大学法学部卒業。まだ日本に SNS が普及する以前の 2008 年に、SNS マーケティングエージェンシーの株式会社コムニコを設立し、代表取締役社長に就任。

日本における SNS マーケティングの第一人者として、キリン株式会社や三菱 UFJ ニコス株式会社など、400 社以上の企業の支援実績がある。

2016 年には SNS に関わる教育プログラムの開発・人材育成事業を行う一般社団法人 SNS エキスパート協会を設立し、理事に就任。

セミナーやカンファレンスでの講演実績も多数あり、日本の SNS マーケティング業界をリードしている。

2014 年に、「愛されるマーケティングの実現」をビジョンに、株式会社エル・エム・ジーを設立し、代表取締役社長に就任。

株式会社コムニコの他、4 社のマーケティング企業を傘下に置いている。

著書に『ファンを獲得！Facebook 投稿ノウハウ』（翔泳社、共著）がある。

● 購入特典

本書の読者の皆さんに、SNS マーケティングの参考になる特典を差し上げています。詳細については、下記の提供サイトをご覧ください。

▼提供サイト
http://www.shoeisha.co.jp/book/present/9784798155340

※ファイルをダウンロードする際には、SHOEISHA iD への会員登録が必要です。
※コンテンツの配布は予告なく終了することがあります。あらかじめご了承ください。

装丁・本文デザイン	植竹 裕（UeDESIGN）
DTP	株式会社シンクス
編集協力	本門 功一郎（株式会社コムニコ／一般社団法人SNSエキスパート協会）

デジタル時代の基礎知識
『SNSマーケティング』
「つながり」と「共感」で利益を生み出す新しいルール
（MarkeZine BOOKS）

2018年2月23日　初版第1刷発行
2018年9月10日　初版第4刷発行

著者	林 雅之
発行人	佐々木 幹夫
発行所	株式会社 翔泳社（https://www.shoeisha.co.jp/）
印刷・製本	株式会社 加藤文明社印刷所

©2018 Masayuki Hayashi

本書は著作権法上の保護を受けています。本書の一部または全部について（ソフトウェアおよびプログラムを含む）、株式会社 翔泳社から文書による許諾を得ずに、いかなる方法においても無断で複写、複製することは禁じられています。
本書へのお問い合わせについては、190ページに記載の内容をお読みください。
落丁・乱丁はお取り替えいたします。03-5362-3705までご連絡ください。

ISBN 978-4-7981-5534-0　　　　　　　　　　　　　　　　Printed in Japan